Antje Bauer

ERFURT

Bilder und Geschichte(n)

Veröffentlichungen des Stadtarchivs 4

Herausgegeben von der Stadt Erfurt zum

1275. Jubiläum der Ersterwähnung

Antje Bauer

ERFURT

Bilder und Geschichte(n)

KIRCHSCHLAGER

INHALTSVERZEICHNIS

1275 JAHRE URKUNDLICHE ERSTERWÄHNUNG ERFURT
Krämerbrücke
an der Via Regia
742 – 2017

EINLEITUNG

Medaille zum Stadtjubiläum (2017)

Im Jahr 2017 feiert(e) die Stadt Erfurt das 1275. Jubiläum ihrer ersten schriftlichen Erwähnung. Und sie hat allen Grund zu feiern. Es geht ihr gut, sie wächst, gedeiht, und sie ist so schön wie vielleicht noch nie in der Geschichte. Die Erfurter lieben ihre Stadt.

Seit geraumer Zeit ist es Tradition, dass das Stadtarchiv anlässlich eines Stadtjubiläums Bücher zur Stadtgeschichte herausgibt. Kein Wunder. Im Archiv findet man die Geschichten, aus denen Geschichte gemacht wird, heißt es. Und so ist es auch. Man muss nur vorsichtig die Tür zum Magazin öffnen, schon ist man umringt von ihnen. Im Museum ist es übrigens so ähnlich.

Deshalb sind in diesem Buch Objekte aus Archiven und Museen zusammengekommen, um Geschichte(n) zu erzählen. Einige kennt man vielleicht schon, aber sie dürfen in einem Jubiläumsbuch nicht fehlen. Andere sind noch unbekannt und warten doch schon so lange darauf, ihre Geschichte mitzuteilen. Wieder andere Objekte wirken vielleicht unscheinbar? Ihre Geschichte ist es nicht. Nicht alle sind gern eingeladen worden. Aber auch sie gehören dazu. Objekte aus 6.000 Jahren Stadtgeschichte sind versammelt worden, denn Erfurt ist viel älter als 1275 Jahre. Aber dazu gleich mehr in der ersten Geschichte …

Wenn man alle Geschichten liest, kann man einen kurzen Gang durch die Erfurter Stadtgeschichte erleben. Man kann aber auch nur einzelne Geschichten lesen. Jedes Objekt hat seine eigene, abgeschlossene Geschichte. Wenn man gar keine Geschichte lesen will oder schon alles zur Erfurter Stadtgeschichte weiß, kann man sich an den Bildern und den Grafiken erfreuen, mit denen zusammen das Buch ein wirkliches Geschenk zum 1275. Jubiläum der Stadt Erfurt geworden ist. Ich danke allen, die Anteil am Entstehen des Buches gehabt haben.

Antje Bauer

ERSTE SPUREN

Neolithische Pfeilspitze – sogenannter Querschneider (4.500–4.300 v. Chr.)

Ein Mann geht um eine Feuerstelle, immer und immer wieder. Dort hatte er gesessen und mit viel Mühe eine kleine Pfeilspitze hergestellt oder vielleicht nachgebessert. Nun war sie weg. Wahrscheinlich heruntergefallen, zwischen die Pflastersteine gerutscht, und nicht mehr zu finden. So könnte es gewesen sein – an einem Abend vor etwa 6.500 Jahren in Erfurt. Denn man hat alles wieder gefunden: die Feuerstelle, das Pflaster und die darin steckende Pfeilspitze.

Im Jahre 2006 gab es im Bereich der Straßen Pilse/Kaufmännerstraße eine archäologische Grabung. Sie wies eine Besiedlung dieses Stadtteils seit etwa 4.500 Jahren nach. Die Überraschung aber war, dass man auf eine weitere, etwa 2.000 Jahre ältere Fundschicht stieß: einen mit Schotter und Geröll gepflasterten Platz, Reste von Feuerstellen, Müll und Gerätschaften, die eindeutig zu einem Jägerlager gehört hatten. Die Waffen und Werkzeuge, die die Jäger dort verloren oder liegen gelassen hatten, waren wie die meisten steinzeitlichen Geräte aus Feuerstein gefertigt. Der ist hart und lässt sich hervorragend bearbeiten, vor allem spalten. Dabei entstehen so scharfe Kanten und spitze Ecken, dass man mit Feuersteinklingen und Feuersteinspitzen schneiden, schaben, hacken, bohren und schießen kann. Aber Feuerstein war rar in Thüringen – so rar, dass ein Stein immer und immer wieder verwendet werden musste.

Man stelle sich also noch einmal den Jäger vor, der vor etwa 6.500 Jahren zum wiederholten Male die Feuerstelle in der Pilse umkreist, aber nicht findet, was er sucht, und sich über den Verlust des Steins ärgert. Aber es ist gut, dass die Pfeilspitze liegen blieb. Denn zusammen mit den übrigen Funden vermag sie uns heute einiges zu berichten über das Jägerlager zwischen Schlösserstraße und Krämerbrücke, in der Nähe der Gera.

Wahrscheinlich kamen die Jäger nur zu bestimmten Jahreszeiten in das Lager, vermutlich im Herbst. Sie bauten ihre Zelte auf und warteten auf Wild, das an die flachen Uferstellen der Gera zum Saufen kam, um es mit Pfeil und Bogen zu erlegen. Die Pfeile, die verwendet wurden, bestanden aus Holz. Aber ihre scharfe Spitze bestand aus Feuerstein, der mit Birkenteer in den Pfeil eingeklebt wurde. Federn am Ende des Pfeils stabilisierten seinen Flug. Der Jagderfolg lässt sich an den gefundenen Knochen ablesen: Hirsche, Rehe, Wildschweine. Die Tiere wurden an Ort und Stelle zerlegt, das Fleisch verzehrt oder haltbar gemacht und die Felle und Häute so vorbereitet, dass sie zum Gerben fertig waren. Dann verließen die Jäger das Lager wieder.

Sie waren im Hauptberuf Bauern, die sich und ihre Familien mit der Jagd an der Gera in den Genuss von Wildfleisch bringen wollten. Aber sie wohnten nicht dort. Keine Spuren von Häusern aus dieser Steinzeitperiode. So nah am Fluss gab es vor 6.500 Jahren noch keine Siedlungen. Man hat sie in den etwas entfernter gelegenen und vor Hochwasser geschützten Teilen des heutigen Stadtgebiets gefunden, zum Beispiel in Büßleben. Wie haben sie ausgesehen? Aus Holz und Lehm gebaute große Häuser – von der Größe her den Langhäusern nordamerikanischer Indianer ähnlich, viel Platz für die Sippe. Dazu Scheunen und Speicher. Die Leute, die dort gelebt hatten, vielleicht sogar die Jäger, gehörten zu den sogenannten Bandkeramikern. Man nennt sie so, weil es zu der Zeit Mode war, Schüsseln und Krüge aus Ton mit zarten Punktreihen oder Punktmustern zu verzieren. Diese Muster liefen bandförmig um die Gefäße herum – mit Musterbändern dekorierte Keramik oder eben Bandkeramik.

Die Bandkeramiker bauten bereits Getreide an. Davon weiß die Pfeilspitze zu erzählen. Sie gehörte ursprünglich als Klinge zu einer Sichel, mit der man Getreide erntete. Im Laufe der Zeit hat sie dabei einen ganz typischen Sichelglanz bekommen, der nur entsteht, wenn man mit Stein Getreide schneidet. Irgendwann war die Sichelklinge zu klein, um weiter nachgeschliffen werden zu können. Sie musste ausgetauscht werden. Aber zu einer Pfeilspitze ließ sich der kostbare, seltene Stein noch umarbeiten. Der Sichelglanz blieb erhalten, auch über die Jahrtausende hinweg. Und so hat die Pfeilspitze den Erfurter Jäger als einen Bauern aus der Umgebung verraten. Denn die meisten etwas erhöht und vom Fluss entfernt liegenden Ortsteile von Erfurt waren vor etwa 6.500 Jahren schon dauerhaft besiedelt. In das heutige Stadtzentrum aber ging man damals nur zum Jagen.

Aber zeigt die Abbildung denn eine Pfeilspitze? Sie sieht aus wie ein Trapez und hat eher eine Schneide als eine Spitze. Ja, es ist tatsächlich ein Geschoss, das mit Pfeil und Bogen verschossen wurde. Und diese Geschosse werden fast ebenso zahlreich gefunden wie echte Pfeilspitzen. Es handelt sich hier um einen sogenannten Querschneider mit maximal zwei Zentimetern Länge und Breite, einem Gramm Gewicht und einer extrem scharfen Kante. Querschneider dringen nicht so tief ein wie Pfeilspitzen, sondern töten durch breite, stark blutende Wunden.

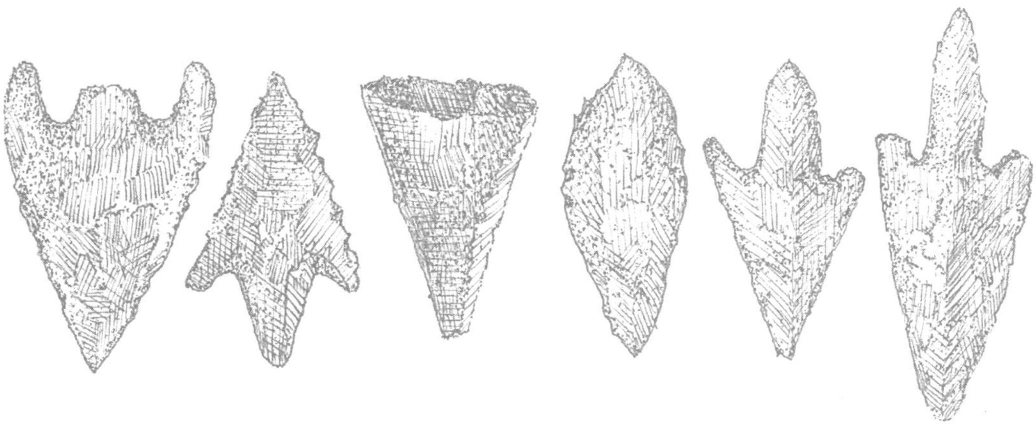

Andere Formen neolithischer Pfeilspitzen

ES SASSEN DIE ALTEN GERMANEN …

Hemmoorer Eimer
(2.–3. Jahrhundert n. Chr.)

Es saßen die alten Germanen – nicht nur zu beiden Ufern des Rheins, sondern auch in Erfurt. Sie siedelten vor knapp 2.000 Jahren nicht nur sporadisch, sondern dauerhaft im heutigen Zentrum der Stadt, nahe an der Gera. Sie lebten dort, wo sich Flussübergänge befanden, durch die vielleicht damals schon Handelswege liefen. Am besten untersucht ist dies bislang für die Gegend des heutigen Hirschgartens, des Angers und der Johannesstraße. Denn dass Erfurt seit fast 2.000 Jahren an etlichen Stellen besiedelt war, lässt sich einfach belegen.

Die damaligen Bewohner unseres Stadtgebiets, die Hermunduren, liebten – wie alle Germanen – die römischen Handelsprodukte. Zwar hatten sie sich einst standhaft gegen die römische Eroberung Germaniens zur Wehr gesetzt. Schlachten waren geschlagen, eine Grenze war gebaut worden. Aber der Handel mit den römischen Provinzen westlich des Rheins, der sich nun über die Grenze hinweg entwickelte, war ihnen sehr willkommen. Was boten die Römer auch für wundervolle Dinge an! Dinge, deren Herstellung die Germanen noch nicht beherrschten. Deshalb waren sie so begehrt:

1. Keramikgeschirr, das heute als *Terra Sigillata* bezeichnet wird. Es war mit einer Glanzschicht aus orangerotem bis dunkelrotem Ton überzogen. Die Schüsseln und Gefäße glänzten nicht nur wunderschön, sondern waren auch noch mit Reliefbildern verziert. Nur beim Händler römischer Produkte konnte man sie erwerben. Auch die Erfurter besaßen Terra Sigillata. Scherben dieser Keramik hat man hier in Erfurt gefunden.

2. Glaswaren! Die Römer waren bereits in der Lage, geblasene, geschliffene und farbig gestaltete Gläser in den unglaublichsten Varianten herzustellen. Die Germanen kauften sie sehr gern, denn sie bezogen auch Wein von den Römern, zum Beispiel Moselwein.

Den musste man nach römischer Sitte einfach aus Gläsern trinken. Auch die Erfurter tranken aus römischem Glas. Bruchstücke davon hat man hier gefunden.

3. Messing-, Silber- und Bronzegefäße. Auch sie sind wahrscheinlich zusammen mit Wein eingekauft worden, als Serviergefäße zum Beispiel. Vier Liter Wein passten in ein solches Gefäß, das einen Durchmesser von rund 25 Zentimetern hatte und nicht ganz so hoch war. Mit einer Kelle wurde ausgeschenkt. Viele von diesen Behältnissen sehen aus wie Eimer und werden deshalb so bezeichnet. Der erste und zugleich größte Fund dieser Eimer wurde im niedersächsischen Hemmoor gemacht, und nach diesem Fundort werden diese Eimer als *Hemmoorer Eimer* bezeichnet. Es handelt sich dabei um ein sensationelles römisches Produkt. Durch Gießen und Drehen oder Drücken gelang es den Herstellern, Gefäße mit einer Wandstärke von weniger als einem Millimeter herzustellen. Bis heute ist man sich über die Herstellungsmethode nicht ganz genau im Klaren. Danach wurden die Rohlinge mit einem Fuß versehen und oft aufwendig verziert. Die meisten Eimer hatten außerdem einen beweglichen Henkel. Kunstvolle Stücke für gehobene Haushalte. Die Germanen verwendeten diese Gefäße häufig anders. Die Eimer wurden hier teilweise als Urnen zur Bestattung von Leichenbränden benutzt und dann vergraben. Einen Hemmoorer Eimer haben Archäologen auch in Erfurt gefunden.

Römisch-germanischer Handel – wie war er organisiert? Die römischen Geschäftsleute brachten ihre Ware nach Germanien, zunächst aber nur bis in das Grenzgebiet. Oder sie fuhren auf den Flüssen ein kleines Stück ins Land hinein. Dorthin kamen ihnen die Germanen entgegen. Später übernahmen wahrscheinlich Germanen den Handel und belieferten nun auch weiter entfernt liegende Gebiete.

Anfangs tauschte man – die Germanen kannten es noch nicht anders – Ware gegen Ware. Für römische Glas-, Keramik- und Metallwaren gaben die Germanen landwirtschaftliche Produkte wie Honig, Pelze und Häute, vielleicht auch Seife, Wachs und Federn. Die wertvollste Ware, die sie handelten, waren Menschen. Die Germanen verkauften Sklaven in großer Zahl. Später bezahlten die römischen Händler die landwirtschaftlichen Produkte und die Sklaven der Germanen mit römischen Münzen. Und die Germanen gaben die

Münzen zurück, wenn sie einkauften. Auch die Erfurter besaßen römische Münzen. Man hat sie hier gefunden.

Die Händler holten die Waren aus der römischen Provinz Gallien. Aber je mehr sich der Handel ausdehnte, um so näher rückten die Bezugsquellen für die Handelsgüter. Direkt am Rhein errichteten die Römer große Manufakturen, um den riesigen germanischen Markt zu beliefern – eine regelrechte Massenproduktion. Einige der dort hergestellten Produkte gelangten nach Erfurt. Sie ermöglichen eine ziemlich genaue Datierung der archäologischen Siedlungsfunde, die im heutigen Zentrum der Stadt ausgegraben wurden. Und sie erlauben deshalb die Aussage, dass Erfurt seit fast 2.000 Jahren besiedelt ist. Auf jeden Fall in der Gegend von Hirschgarten, Anger und Johannesstraße, vielleicht auch anderswo. Zukünftige archäologische Grabungen werden es herausfinden.

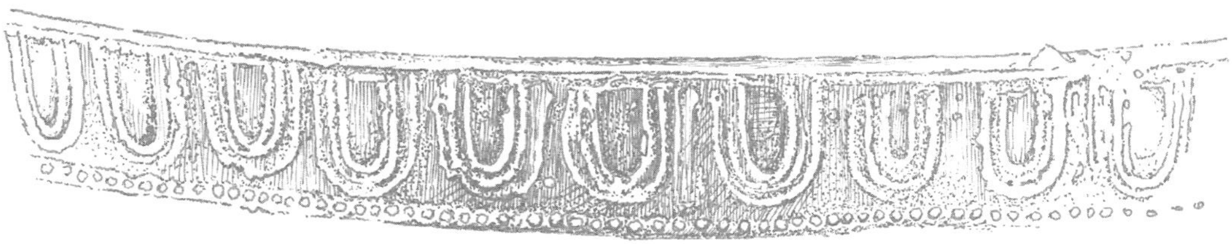

Musterrand eines Hemmoorer Eimers

ERFURT INMITTEN EINES KÖNIGREICHES

Silberschale und Silberlöffel (1. Hälfte des 6. Jahrhunderts)

Ägypten, Syrien, Türkei, Italien, Thüringen – das sind die Fundorte bewundernswert schöner Silberlöffel, die in der Zeit vom 5. bis zum 7. Jahrhundert vor allem im römischen Konstantinopel (heute Istanbul) hergestellt wurden. 228 dieser spätantiken Silberlöffel gibt es in den Museen dieser Welt. Drei davon sind in Thüringen gefunden worden und einer dieser drei in Erfurt.

1978, beim Bau einer Fernverkehrsstraße, kam in der Nähe des Ortsteils Gispersleben dieser außerordentliche Fund zutage. Am Kleinen Roten Berg entdeckte man eine große Grabgrube. Darin eine schlanke junge Frau im Alter von etwa 25 Jahren, knapp 1,64 Meter groß – so genau kann man das anhand des Skeletts bestimmen. Sie war dort auf einem Wagen liegend bestattet worden. Der Wagen sollte der jungen Frau sicher als Reisegefährt auf dem Weg ins Jenseits dienen. Sie war für ihre Reise mit einem Gewand aus Goldbrokat bekleidet. Die Goldfäden, die darin verwebt waren, sind erhalten geblieben. Ihre Frisur war mit einer sehr dekorativen goldenen Haarnadel geschmückt. Wahrscheinlich hat sie noch weitaus wertvolleren Schmuck getragen. Den aber haben Grabräuber gestohlen. Vermutlich haben sie auch die kostbarsten Grabbeigaben geraubt.

Nicht gefunden oder nicht mitgenommen haben die Diebe das luxuriöse Tafelgeschirr aus Edelmetall, das man der Verstorbenen in die Grabkammer gestellt hatte – gefüllt mit delikaten Lebensmitteln. Ein Trinkhorn mit goldenen Beschlägen und ein ebenfalls mit Gold beschlagener Holzeimer, aus dem sie mit dem Trinkhorn schöpfen konnte – Wein vielleicht oder Bier. Dazu eine kleine Silberschale mit einer Honigspeise und der schon erwähnte extravagante, sehr modern wirkende Silberlöffel, beide im Bild zu sehen. Diese Gegenstände aus der ersten Hälfte des 6. Jahrhunderts sind zum Teil die kostbarsten ihrer Art, die jemals entdeckt worden sind – vom Wert des Materials, von der Kunst der

Bearbeitung und vom damaligen Handelswert. Kein Stück stammte aus der Region. Alle sind importiert worden: die goldenen Beschläge des Eimers aus dem Rheingebiet, die goldenen Beschläge des Trinkhorns aus Skandinavien, die Silberschale aus dem heutigen Oberitalien und der Silberlöffel vielleicht sogar aus Konstantinopel. Sie lassen sich in ihrer Pracht nur mit den reichsten europäischen Grabfunden aus dieser Zeit vergleichen. Den Angehörigen der verstorbenen jungen Thüringerin hatte es offenbar nichts ausgemacht, auf diese hochwertigen Dinge zu verzichten und sie ihr mit ins Grab zu geben. Sie konnten es und sie wollten es, damit es der Verstorbenen an nichts fehle. So war sie geschätzt, so sorgte man für sie vor. Wer war sie?

Bis zum Jahre 531 muss Erfurt ein Zentrum des Thüringer Königreichs gewesen sein. Ein Königreich, das im 5. Jahrhundert dort gegründet wurde, wo seit dem 4. Jahrhundert das Volk der Thüringer (Toringi) lebte – in Thüringen. Die thüringischen Könige konnten ihre Herrschaft in kurzer Zeit weit über das eigentliche Thüringen hinaus ausdehnen, im Norden bis in die Altmark, im Süden bis nach Regensburg. So herrschten sie zu Beginn des 6. Jahrhunderts wohl über das größte Reich im freien Germanien, allerdings nur bis zum Jahre 531. In diesem Jahr besiegten die Franken die Thüringer in einer Schlacht an der Unstrut und vergrößerten ihr eigenes Reich um das der Thüringer.

Die Höfe der thüringischen Königsfamilie werden im Raum Naumburg – Erfurt – Mühlhausen vermutet. Gefunden hat man sie noch nicht, dafür aber zahlreiche üppig ausgestattete Gräber des thüringischen Hochadels. Die Frau von Gispersleben gehörte zweifellos dazu. Davon zeugt der Reichtum ihrer Grabbeigaben. Vielleicht war sie sogar eine Angehörige des Königshauses, die noch vor dem Untergang des Thüringer Königreichs beigesetzt worden war. Dann ist es nicht ausgeschlossen, dass in dem Grab die früh verstorbene Frau des thüringischen Königs Berthachar ruhte, die Mutter der letzten thüringischen Prinzessin Radegunde. Radegunde überlebte das Jahr 531. Der fränkische König Chlothar nahm sie zur Frau und sicherte auf diese Weise seine Ansprüche auf das Reich der Thüringer.

Und Erfurt, das bis dahin wahrscheinlich Zentrum eines kleinen Königreichs war, lag nun am östlichen Rand des riesigen Frankenreichs.

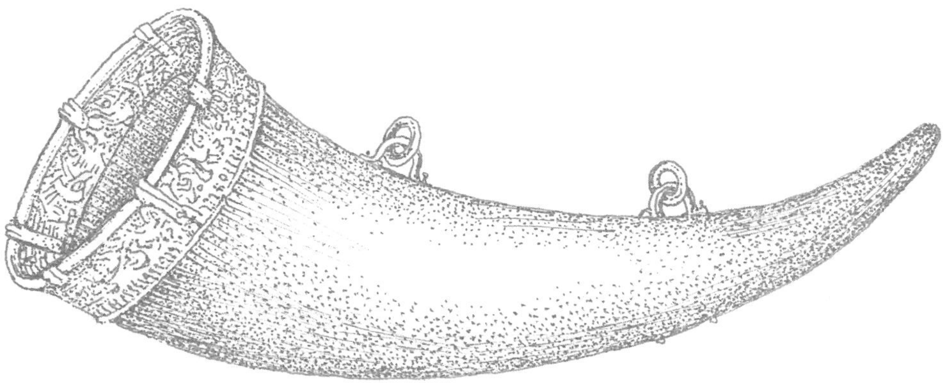

Trinkhorn aus dem Erfurter Wagengrab

populus aliquantulum percursus uel correctus. tres or
dinauimus episcopos & prouinciam inter se parrochi
as discreuimus & illa tria oppida siue urbes in
quibus constituti & ordinati sunt scriptis auctori
tatis uestrae confirmari & stabiliri precantes deside
ramus. unam esse sedem episcopatus decre
uimus in castello quod dicitur uuirzaburg & alte
ram in oppido quod nominatur buraburg.
tertiam in loco quod dicitur erphesfurt qui fuit
iam olim urbs paganorum rusticorum; haec tria
loca propria carta auctoritate apostolatus uestri
roborare & confirmare diligenter postulamus.
ut si dominus uoluerit per auctoritatem & praeceptum
sancti petri iussionibus apostolicis fundatae & stabi
litae sint: tres in germania episcopales sedes
& ut praesentes uel futurae generationes non praesumant
uel parrochias corrumpere uel uiolare praeceptum apos
tolicae sedis. Notum similiter sit paternitati uestrae
quod carlomannus dux francorum me arcessitum
ad se rogauit ut in parte regni francorum quae in
sua est potestate synodum cogere congregare.
& promisit se de ecclesiastica religione quae iam

ERFURT 742

Abschrift eines Bonifatiusbriefes (um 760)

Erfurt, seit dem 6. Jahrhundert am Rand des Frankenreichs gelegen, blieb für Thüringen ein zentraler Punkt. In dem seit Jahrtausenden belebten Gebiet an der Gera hatte sich ein größerer, dichter besiedelter Ort entwickelt. Auf jeden Fall konnte man die entstandene Siedlung in der Mitte des 8. Jahrhunderts schon als einen Ort beschreiben. Der „Heidenmissionar" Bonifatius wählt diese Bezeichnung in einem Brief an den Papst Zacharias. Er hatte Erfurt im Jahre 742 selbst besucht, und die erste Beschreibung Erfurts stammt aus seiner Feder.

Wir erfahren aus seinem Brief, dass es die städtische Siedlung Erfurt im Jahr 742 gab und wer sie bewohnte. Wir erfahren, dass Erfurt ihm groß und wichtig genug erschien, um dort einen Bischof und nicht nur einen einfachen Priester einzusetzen. Wir erfahren, dass Bonifatius Erfurt für geeignet hielt, Zentrum eines Bistums zu werden, von dem aus die Thüringer für die christliche Kirche gewonnen werden sollten. Und wir erfahren den Namen des Ortes, den Namen unserer Stadt, der in diesem Brief das erste Mal überhaupt geschrieben worden ist. Die Erfurt betreffende Stelle heißt wörtlich: … *erphesfurt, qui fuit iam olim urbs paganorum rusticorum* …

Bonifatius (673–754/755) war ein aus England stammender Geistlicher, der es sich zur Lebensaufgabe gemacht hatte, den Bewohnern des östlichen Frankenreichs den christlichen Glauben zu bringen. Jahrzehntelang war er dort unterwegs, um zu predigen und zu überzeugen. 742 bereiste er Hessen und Thüringen, um an geeigneten Plätzen Bischöfe einzusetzen. In Thüringen suchte er sich Erfurt dafür aus: die große, alte, bevölkerungsreiche städtische Siedlung an den Flussübergängen über die Gera. Weit und breit gab es keine vergleichbar große und entwickelte Ortschaft, die passend und würdig gewesen wäre, eine kirchliche Institution wie einen Bischofssitz aufzunehmen. Erfurts Einwohner lebten zwar noch überwiegend von der Landwirtschaft. Sie waren bäuerlich, ja ländlich. Aber es hatte sich bis zum 8. Jahrhundert auch ein Wirtschaftszweig etabliert, der städtisch geprägt war – der Handel. Mehrere große Verkehrswege aus allen Himmelsrichtungen liefen genau auf die Stelle der Gera zu (damals Erp oder Erph genannt), an der sie in einem großen Bogen um den Petersberg fließt. Dort teilt sie sich in mehrere Arme, die schmaler und flacher sind als der Gesamtstrom und sich deshalb gut überfahren ließen. An einigen Stellen gab es natürliche Untiefen, also noch flacheres Wasser – sogenannte Furten. Sie machten eine sichere Flussüberquerung möglich. Und genau da, an den Furten durch den Fluss, hatte sich die ansehnlich große Siedlung Erfurt entwickelt, in der Bonifatius nun einen Bischof einsetzen wollte. Er schrieb einen Brief an Papst Zacharias und bat um Bestätigung und Genehmigung seiner Entscheidung.

Dieser Brief ist das älteste schriftliche Zeugnis, das den Namen Erfurts erwähnt und das erhalten geblieben ist. Es ist keine Gründungsurkunde; eine solche gibt es nicht. Der Ort hat sich im Laufe der Zeit entwickelt, und die Menschen, die dort lebten, haben ihm einen Namen gegeben. Irgendwann in der Geschichte eines jeden Ortes kommt es dazu, dass sein Name das erste Mal aufgeschrieben wird. Man bezeichnet dies als die erste schriftliche Erwähnung. Für viele Orte in Thüringen, nicht nur für Erfurt, geschah dies im 8. Jahrhundert. Da es oft Urkunden waren, in denen die Ortsnamen genannt wurden, spricht man auch von der ersten urkundlichen Erwähnung.

Die Stadt Erfurt hat ihren Namen von den Furten durch den Fluss Erph empfangen. Diese Flussübergänge waren offenbar das prägendste Merkmal, das ganz besondere des Ortes. Die Bedeutung der Furten kann nur vom Fernhandelsverkehr herstammen, der hier den Fluss überquerte. Das war eine Wegmarke. Das war eine Stelle, an der man vielleicht anhielt und rastete und wahrscheinlich auch handelte. Die Spezialisierung zahlreicher Erfurter auf den Handel war die Folge. Die Bekanntheit der Stadt als lebendiger Handelsplatz ebenfalls. Als Kaiser Karl der Große 60 Jahre später (im Jahr 805) die Handelsplätze benennt, an denen mit den östlichen Nachbarn, den Slawen, gehandelt wird, war Erfurt auch darunter.

Der ursprüngliche Name des Flusses *Erph* ist möglicherweise vom germanischen Wort *erp(p)a* = „braunes Wasser" abgeleitet. Und tatsächlich. Nach heftigen Niederschlägen im Thüringer Wald ist das Gerawasser, das in die Stadt fließt, auch heute undurchsichtig braun gefärbt.

Die Erfurter Straßen, die heute die Gera kreuzen, laufen übrigens immer noch genau dort entlang, wo vor 1275 Jahren die Furten durch den Fluss gingen.

Und auch ein Bistum gibt es heute in Erfurt, aber erst wieder seit 1994. Das 742 eingerichtete Bistum Erfurt hob sein Gründer Bonifatius kurze Zeit später selbst wieder auf und gliederte es seinem eigenen Bistum Mainz an.

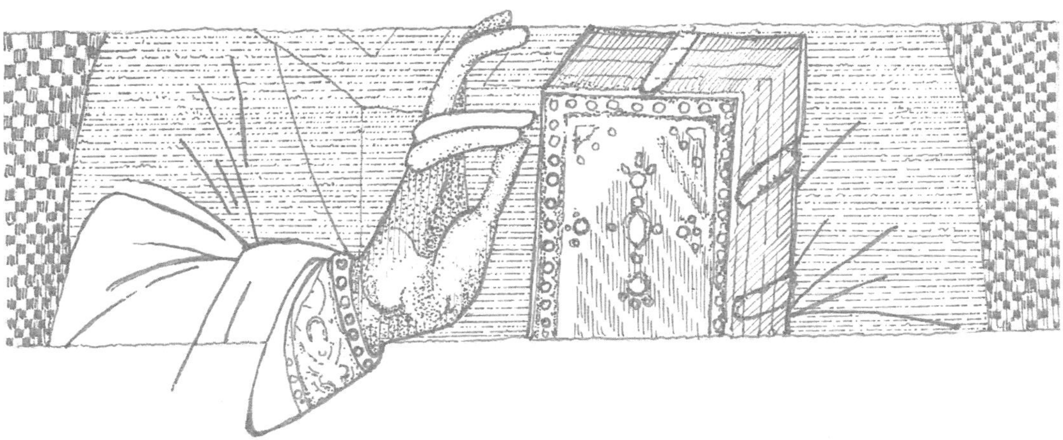

Der heilige Bonifatius wird oft mit einem Buch in der Hand dargestellt

Des dich dirre sculdegit des bistur vnschuldic. So
dir got helfe. Der got der himel vnde erdin gescuf.
loub. blumen. vnde gras. des da uore nine was. Vnde
ob du unrechte sweris. daz dich di erde uirslinde.
di datan vnde abiron uirslant. Vnde ob du unrech
te sweris. daz dich di muselsucht biste. di naaman
nen liz. vnde iezi bestunt. Vnde ob du vnrechte
sweris. daz dich di e uirtilige di got moisy gab.
indem berge synay. di got selbe screib. mit sinen
uingeren ander steinir tabelen. Vnde ob du unrech
te sweris. daz dich uellin alle di scrift. di gescriben
sint an den uunf buchen moisy. D
heit den di biscof cunrat dirre st

DER HEILIGE MARTIN STEHT KOPF

Erfurter Judeneid (zwischen 1183 und 1200)

Unter Tausenden von Urkunden im Stadtarchiv Erfurt gibt es nur eine, deren Siegel verkehrt herum angebracht ist. Ausgerechnet das älteste städtische Siegel, das sich erhalten hat. Das Siegelbild, das den Schutzheiligen der Stadt Erfurt, den heiligen Martin, zeigt, steht auf dem Kopf. Jedenfalls dann, wenn man das Pergamentblatt so betrachtet, dass man den Text lesen kann. Und das kann man! Denn obwohl das Dokument über 800 Jahre alt ist, wurde sein Text nicht wie üblich auf Latein, sondern auf Deutsch geschrieben, und noch dazu in einer so wunderbar klaren, deutlichen Buchschrift, dass man wohl probieren kann, ihn zu lesen.

Er enthält einen Eid – einen Eid, der vor Gericht gesprochen werden musste, um als Zeuge zu versichern, dass man die Wahrheit spricht, oder um als Beschuldigter seine Unschuld zu beschwören. Jedoch sind uns die Eidesformeln sehr unvertraut, scheinen ungewöhnlich. Der Judeneid ist der Eid, den Juden bei einer gerichtlichen Vereidigung sprachen. Im Unterschied zu den Christen beschworen sie das Alte Testament. Die Strafen, die für den Fall eines Meineids angedroht wurden, entstammen allesamt diesem Teil der Bibel.
Nur sehr selten verfasste man vor etwa 800 Jahren, als der Judeneid aufgesetzt wurde, Rechtstexte überhaupt schon schriftlich. Noch seltener wurden sie dann in deutscher Sprache verfasst. Aber in Erfurt schien man um 1200 diesen prächtigen, ja einschüchternd prachtvollen Judeneid in deutscher Sprache benötigt zu haben. Wozu?

Zu der Handelsstadt und dem lebendigen Verkehrsknotenpunkt, als den man sich Erfurt damals vorstellen muss, gehörte auch schon ein jüdisches Viertel rings um die heutige Michaelisstraße. Inmitten des Viertels lag die Synagoge, die um 1200 schon viele Jahrzehnte alt war – genau wie die Mikwe, das Ritualbad der jüdischen Gemeinde an der

Gera. Die Einwohner dieses Viertels waren an Handel und Wandel der Stadt nicht minder beteiligt als die übrigen Bürger. Vielleicht waren sie deswegen sogar hergekommen? Überall in West- und Mitteleuropa hatten sich Juden in den Handelsmetropolen angesiedelt. In Mitteldeutschland jedoch war es lange Zeit nur Erfurt, das wirtschaftlich so attraktiv war, dass hier Juden lebten.
Als Kauf- und Fuhrleute kauften und verkauften sie, vermittelten Geldgeschäfte oder machten sie selbst, knüpften Kontakte und schlossen Kontrakte. Dabei kamen sie mit ihren Geschäftspartnern meist überein, manchmal aber eben nicht. In diesem Fall wandten sich die streitenden Parteien an ein Erfurter Gericht.
Und da waren sie nun vor Gericht, die beiden Konfliktparteien, und sollten beeiden, dass sie die Wahrheit sprachen zu den Vorhaltungen, die sie sich gegenseitig machten. Und da lagen die Eidesformeln, die zu sprechen waren, bevor man vor Gericht aussagte. Der Eid wurde vorgesprochen und der Vereidigte wiederholte oder bestätigte den Schwur. Und dabei müssen wir uns den Judeneid denken. Er liegt auf dem Tisch. Der Richter liest den Text der Eidesformel vor. Er sieht das Siegelbild, den Heiligen Martin, auf dem Kopf stehen. Aber der Schwörende ihm gegenüber, der nun gleich seine Aussage machen wird, schaut den Heiligen Martin an. Würde er, den Heiligen anblickend, einen Meineid schwören und die Unwahrheit sprechen können? Oder würde er nicht eher seinen Eid sehr ernst nehmen wollen?
So könnte es gewesen sein. Und es könnte der Grund dafür sein, dass das Siegel verkehrt herum angehängt worden ist. Jedoch weiß man es nicht genau. Möglicherweise nahm man das goldverzierte Original auch gar nicht mit in das Gericht, sondern verwendete immer nur eine Kopie. Denn der Erfurter Judeneid ist so erhalten geblieben, als ob er 800 Jahre lang behütet und nicht verwendet worden wäre. Heute gehört er mit Synagoge, Mikwe und dem Erfurter Schatz zum jüdisch-mittelalterlichen Erbe der Stadt Erfurt.

Nun aber noch einmal zum Heiligen Martin auf dem Siegel. Leider kann man auf dem abgebildeten naturfarbenen Wachssiegel nicht viele Details erkennen. Das fiel möglicherweise auch den Herren des Erfurter Rats auf, die das Siegel verwendeten. Jedenfalls färbte man später die Siegelmasse rot, bevor man den Siegelstempel hineindrückte. Dann kann man sogar das Stuhlkissen erkennen, auf dem der Heilige Martin sitzt.

Auf dem hier abgebildeten ältesten Siegel der Stadt Erfurt ist der heilige Martin nicht als Mantel teilender Reiter dargestellt, sondern als Bischof. Er sitzt auf einem Klappsessel. Sein langes Bischofsgewand ist ihm über die Knie gefallen. Deshalb sind diese so prominent. Eine Kopfbedeckung hat er nicht, aber rings um seinen Kopf ist der Heiligenschein zu erkennen. In der linken Hand hält der Heilige Martin einen Bischofsstab, die rechte Hand hebt er mit zwei gestreckten Fingern zum Segen.
Das Bild des Erfurter Schutzheiligen Martin von Tours war auf allen großen Siegeln der Stadt Erfurt zu sehen, die jahrhundertelang als Beglaubigungsmittel für wichtige Urkunden verwendet wurden. Die meisten Städte bildeten ihren Schutzpatron auf ihrem Siegel ab. Aber als die Erfurter vor 800 Jahren das erste Siegel anfertigen ließen, war das noch sehr unüblich. Die meisten Städte hatten zu dieser Zeit überhaupt noch keine Siegel. Die Stadt Mainz führte bereits eins – noch dazu mit dem Schutzpatron, den die Mainzer Erzbischöfe nach Erfurt exportiert hatten, dem Heiligen Martin. Dieses Siegel kopierten die Erfurter, änderten nur die Beschriftung und hängten es fortan an ihre Urkunden, auch an den Judeneid. Viel später erst ließen sie sich ein anderes, eigenes Siegel entwerfen.

Zeichnung des ältesten Siegels der Stadt Erfurt

RENOVIERT
ANNO 1688

KENNZEICHEN D

Willkür – das älteste Rechtsbuch der Stadt Erfurt (1306–1545)

Do man zalte nach gotis geburte tusint iar drihundirt iar vnde in deme sechsten iar … In demeselbin iare wurden der stat recht gerichtit uff.

So beginnt der Text des schönen alten Amtsbuches im Stadtarchiv Erfurt. Gleich darauf steht der Begriff, mit dem sich dieses Buch selbst bezeichnet: *dit ist die willkur der stadt erfurt.*

Erfurt hatte sich bis 1306 *(tusint iar drihundirt iar vnde in deme sechsten iar)* zu einer bedeutenden, kaufmännisch geprägten Stadt entwickelt. Sie hatte sich die relative Unabhängigkeit vom Stadtherren erstritten und erkauft. Und sie hatte einen Rat, der diese Unabhängigkeit jeden wissen ließ, der mit ihm verhandelte – durch selbständig getroffene Entscheidungen, die er mit einem eigenen Siegel beurkundete. Dieser Rat managte ein großes Gemeinwesen und hatte dafür Institutionen, Regeln und Gewohnheiten geschaffen. Jetzt gab er der Stadt ihr eigenes, in diesem Buch niedergeschriebenes Recht.

Das Erfurtische Recht hatte sich, beeinflusst von älteren Rechtstexten, wie dem Sachsenspiegel, und den rechtlichen Üblichkeiten in anderen Städten, entwickelt. Es war wahrscheinlich auch schon lange angewandt worden. Aber nun wurde es niedergeschrieben und galt für Erfurt jahrhundertelang, bis es am Ende des 18. Jahrhunderts durch das preußische Landrecht ersetzt wurde, dem wiederum 100 Jahre später das Bürgerliche Gesetzbuch folgte. Als *Willkür* wurde 1306, ganz im Gegensatz zur heutigen Wortbedeutung, die freie Entschließung einer Bürgergemeinschaft bzw. ihres Rates über bestimmte Normen und Verhaltensregeln für das Zusammenleben dieser Gemeinschaft verstanden.

Der Willkür vorangestellt ist Grundlegendes. Wir finden den Eid des Rates, den jeder Ratsherr bei Übernahme des Amtes ablegen musste. Er schwor, *der stadt ihr recht zu behalden,* und zwar *ohne arglist* und für alle Bürger, *den richen wie den armen.* Und wir finden den Schwur der Gemeinde. Sie schwor, dem gewählten Rat und seinem Tun zu folgen, ob es nun *zu nutzen oder zu schaden der stadt* gerät.

Was danach folgt, ist jedoch keine Verfassung der Stadt. Es sind 42 Artikel mit den wichtigsten zivilrechtlichen Regelungen für das Miteinander der Erfurter Bürger. Und welche Rechtsgrundsätze waren dafür wichtig? Worüber geriet man in Streit in der reichen Stadt Erfurt? Ganz offensichtlich über Geld, über Vermögen. Und am häufigsten schien man in Streit zu geraten, wenn Vermögen vererbt werden sollten. Von den 42 Artikeln der Willkür betreffen sehr viele das Erbrecht.
Es gab zu erben in Erfurt um 1306: Grundstücke, Häuser, Geld. Und es war offenbar nicht einfach, die Berechtigung von Erbansprüchen festzustellen. Denn die sogenannte Patchworkfamilie war auch damals, zu Beginn des 14. Jahrhunderts, eher die Regel als die Ausnahme. Dadurch entstanden schwierige Rechtsfragen. Welches Mitglied einer solchen Familie hat welchen Anspruch auf die Güter des Familienoberhauptes? Wenn das Familienoberhaupt vielleicht mehrere Ehen geschlossen und mit mehreren Frauen Kinder gezeugt hatte? Wenn das Familienoberhaupt Stiefkinder in die Familie aufgenommen hatte? Wer erbt, wenn die leiblichen Kinder vielleicht schon nicht mehr am Leben waren, dafür aber Schwieger- und Enkelkinder? Wer ist für die Schulden verantwortlich, die dieses Familienoberhaupt vielleicht mit nur einer von mehreren Ehefrauen verursacht hatte? Und wer kümmert sich um die Erb- und Unterhaltsansprüche minderjähriger Kinder in einem solch schwierigen Erbfall? Und was darf unternommen werden, wenn jemand den Eindruck gewann, seine Eltern verjubelten sein späteres Erbe durch scheinbar unvernünftige Geldanlagen, zum Beispiel Immobilienkäufe? So vielfältig, wie die Umstände von Erbsituationen sein konnten, so vielfältig sind die Artikel zum Erbrecht in diesem ersten Erfurter Rechtsbuch.
Ebenso detailliert und konkret äußert es sich zum Familienrecht, zum Sachenrecht (Eigentum und Besitz) und zum Schuldrecht. Zahlreiche, bis heute wesentliche Bereiche des Zivil- oder Privatrechts sind in der Erfurter Willkür von 1306 bereits behandelt, und zwar nach Rechtsgrundsätzen, denen die heutigen durchaus ähneln. Drakonische Körperstrafen sucht man in diesem Rechtsbuch übrigens vergeblich. Wohl deshalb, weil es in der Willkür um zivilrechtliche Belange geht und Straftaten kaum erwähnt werden. Ein Artikel benennt die Strafe für einen Totschlag. Dafür wird die Höchststrafe verhängt, die in der Willkür überhaupt angedroht wird. Diese Strafe war bereits aus dem Römischen Recht bekannt und galt offenbar immer noch als wirkungsvoll. Auch Jahrhunderte später wird

sie noch ausgesprochen: Der Verurteilte *musste die Stadt räumen*, das heißt er musste die Stadt verlassen. Diese Strafe wurde sehr oft und in differenzierten Abstufungen verhängt – im Falle des Totschlags für immer –, und das war bitter. Schnitt sie doch alle sozialen und ökonomischen Verbindungen des Bestraften ab. Deshalb flehten Betroffene nach geraumer Zeit vielmals um ihre Wiederaufnahme. Noch härter sollte nach dem Willen des Rates eigentlich nur derjenige bestraft werden, der *den frieden zwischen rat und gemeinde bricht* und trotz seiner sträflichen Verbannung aus der Stadt in den Bannkreis zurückkehrt: *dem geht es an den leib.*

Einige Jahre später, 1351, wird das Erfurter Recht durch ein zweites Rechtsbuch, den sogenannten Zuchtbrief, ergänzt. Er regelt die öffentliche Ordnung in der Stadt: den Wein- und Bierausschank, das Brauen und das Bauen, Handwerkerlöhne, Maße und Gewichte, den Fisch-, Fleisch- und Waidhandel und anderes mehr. Man findet Ruhe-, Ordnungs- und Sauberkeitsbestimmungen sowie Artikel zum Verhalten des Einzelnen bei Bedrohungen der Gemeinschaft, vor allem bei Feuer. Nun ist die schriftliche Fixierung des städtischen Rechts komplett. Willkür und Zuchtbrief, immer wieder abgeschrieben und um viele Artikel ergänzt, bleiben für 500 Jahre gültiges Stadtrecht.

Ornamentdetail vom Schmuckblatt der Willkür

WAS FÜHRST DU IM SCHILDE?

Setzschild (1350–1400)

Schilde sind die ältesten Schutzwaffen überhaupt. Sicher, weil man ohnehin instinktiv den Arm hebt, um sich vor einem Angriff zu schützen. Warum dann nicht ein Schild in die Hand nehmen, der Kopf und Körper noch besser bedeckt als der bloße Arm? Rund, oval, rechteckig waren die Schilde der antiken Heere. Halboval oder dreieckig die Schilde der mittelalterlichen Ritter. Die Vorderseiten der Schilde wurden mit Farben und Symbolen (Wappen) bemalt, um im Getümmel der Rüstungen Freund und Feind unterscheiden zu können.

Aber dieser Erfurter Schild aus dem 14. Jahrhundert? Rechteckig, 1,80 Meter hoch, fast einen Meter breit, 25 Kilogramm schwer? Dies ist ein sogenannter Setzschild. Gerade noch transportabel wurden solche gewaltigen Schilde von den Fußtruppen eines Heeres mitgeführt – meist von den Bogen- oder Armbrustschützen. Zum Schießen und Nachspannen wurden die Schilde abgesetzt und boten dem Schützen Ganzkörperschutz.
Eben so muss man sich ihren Einsatz bei der Verteidigung der Erfurter Stadtmauern bei Angriff und Belagerung vorstellen. Die Armbrustschützen und Geschützmeister fanden hinter den mannshohen Schilden Schutz vor den Fernwaffen des Gegners – sowohl beim Einsatz auf den Wällen als auch beim eigenen Ausfall aus der Stadt heraus, wenn man die Belagerer angriff. Stolz und prächtig leuchtete diesen das große Erfurter Wappen entgegen, das auf die knallrote Lederbespannung der Schilde gemalt war.

Etwas fällt auf an diesem Wappen: Das Rad hat acht Speichen. Hingegen zeigt unser heutiges Stadtwappen ein Rad mit nur sechs Speichen. Die Mainzer Erzbischöfe, die die Stadt Erfurt etwa seit dem Jahre 1000 zu ihrem Eigentum hatten, führten ein Rad auf dem Schilde, mal mit sechs, aber meist mit acht Speichen. Sie brachten es mit nach Erfurt, mit ihrem Siegel und auch mit ihren Waffen. Wenn man nun zum Schutz der Stadt und zum Schutz der Handelsstraßen gemeinsam ausrückte – mainzische Truppen und Erfurter –, dann geschah dies möglicherweise unter einem gemeinsamen Wappen: dem achtspeichigen silbernen Rad des Erzbischofs. Auf diese Weise übernahmen die Erfurter sein Wappen als ihr eigenes. Auf den Setzschilden kann man es sehen. Jahrhunderte später aber wollten die Erfurter unbedingt ein anderes Wappen haben als die Erzbischöfe von Mainz, um ihre gewollte Nichtzugehörigkeit zu Mainz zu betonen. Deshalb hat das Erfurter Rad seit dem 16. Jahrhundert nur noch sechs Speichen.

Zur selben Zeit begann man, mit Feuerwaffen zu schießen, und die Zeit der hölzernen Setzschilde war vorbei. Gegen die Schusskraft von Pulverbüchsen konnten sie keinen Schutz mehr bieten. Man hängte die Schilde deshalb im großen Saal des Rathauses als Wappenschmuck auf. So waren sie – wie kaum in einer anderen Stadt – noch zahlreich und gut erhalten vorhanden, als das gotische Rathaus in der Mitte des 19. Jahrhunderts bedauerlicherweise abgerissen wurde. Heute sind die Setzschilde in den Erfurter Museen zu besichtigen, mitsamt den Dellen und Löchern, die ihnen gegnerische Waffen geschlagen haben. Aber nicht nur hier. In den großen nationalen und internationalen Museen, wie dem Metropolitan Museum of Art in New York, bleiben die Leute vor den gewaltigen Setzschilden mit dem mittelalterlichen Erfurter Stadtwappen, dem achtspeichigen silbernen Rad auf leuchtend rotem Grund, stehen.

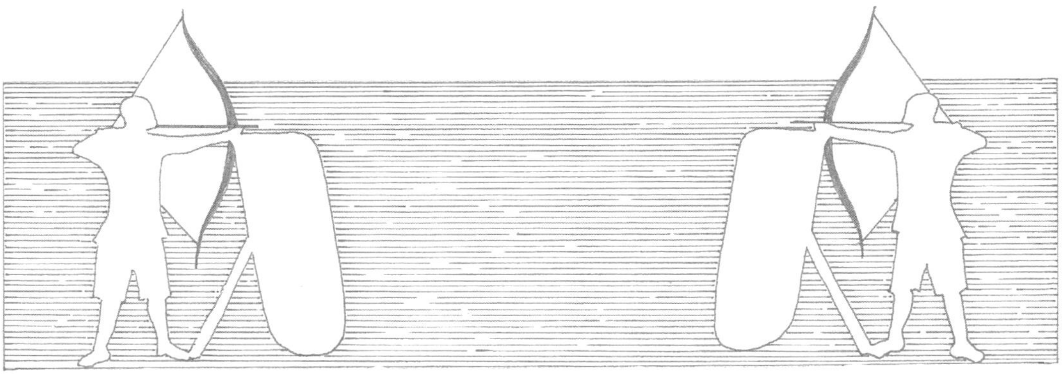

Bogenschützen hinter Setzschilden

Großer Saal des alten Rathauses mit Setzschilden als Wandschmuck.
Auch eine große Armbrust hängt dort.

MILITÄRMACHT ERFURT

Blidenstein
(Mitte 14. Jahrhundert)

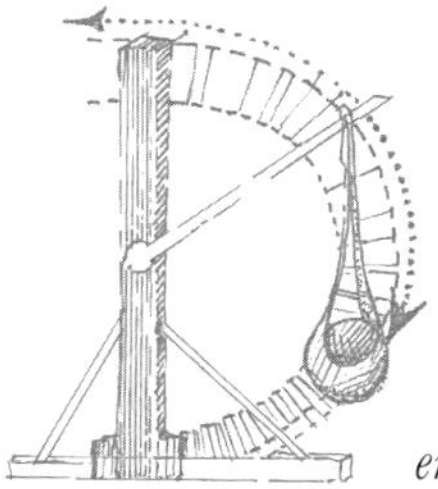

Der Landgraff undt die von Erffurt ziehen vor Arnstat, Anno 1342, thaten der Stat undt den umbligenden Dorffern Hefftigen vordruß, lagen 14 tage dafur, undt zerwarffen die Thurme undt die Mauern mit Bleiden.

Was, wie bitte? Unsere Erfurter? Belagern die Stadt Arnstadt und zerschießen Mauern und Türme der dortigen Stadtbefestigung? Mit einer Blide? Mit dabei gewesen: Blidensteine! Solche rund behauenen Steine wie der abgebildete – bis 100 Kilogramm schwer und von der Größe mit dem Unterteil eines Schneemanns vergleichbar – sind in Arnstadt gefunden worden. Nach Arnstadt waren sie zunächst auf einem Erfurter Wagen gefahren worden, um dann mit einem riesigen Wurfgerät, einer sogenannten Blide, gegen die Arnstädter Stadtmauer geschleudert zu werden. Die Blide wurde ausgerichtet und dann schoss man unausgesetzt auf die gleiche Stelle der Mauer, um sie zu brechen und in die Stadt eindringen zu können. Artillerielehrbücher nennen diese Art des Bekämpfens *Zerstörungsschießen.* Für Arnstadt blieb die Belagerung glücklicherweise folgenlos, denn der Landgraf von Thüringen gebot Einhalt. Vielmals aber hielten die Mauern dem Beschuss von Bliden nicht stand.

Bliden gehörten sowohl zu den Verteidigungswaffen mittelalterlicher Städte als auch zum Arsenal ihrer Belagerungstechnik. Sie wurden eingesetzt, um aus der Stadt heraus die Waffen des angreifenden Gegners zu zerstören. Ebenso effektvoll waren sie im Angriff zu gebrauchen, um – wie beschrieben – die Mauern der belagerten Burg oder Stadt sturmreif zu schießen. Die große Stadt Erfurt besaß Bliden. In Friedenszeiten ruhten sie auseinandergebaut im Blidenhof im Andreasviertel, gewartet vom Blidenmeister. Die Blidenmeister waren in der Regel nicht nur Pfleger, sondern auch Konstrukteure, Erbauer und *Geschützführer* ihrer Bliden. Im Kriegsfall konnten die Einzelteile der Blide schnell an den Ort des Geschehens transportiert und dort zusammengebaut werden. Denn Bliden waren so geniale wie simple Konstruktionen: Holzbalken, Seile, metallene Zahnräder, Physik, fertig. Der Wurfmechanismus wurde anfänglich mit einem blitzschnellen Seilzug durch die Blidenmannschaft, später mit einem fallenden Gegengewicht ausgelöst. Im Bedarfsfall konnten rasch zusätzliche Bliden gebaut werden; und man konnte mit einer Blide nicht nur Steine, sondern die unangenehmsten Dinge auf Belagerte oder auf Belagerer werfen.

Keine Blide hat die Zeiten überdauert, wohl aber die mit ihr geworfenen Blidensteine – die Munition dieser großen Steinschleudern. Sie liefern den sicheren Nachweis für den Einsatz von Bliden, denn man kann sie dort finden, wo sie in den Mauern stecken oder am Fuß der Mauern liegen blieben. Auch dort, wo sie fertig zugeschlagen auf ihren Einsatz warteten, sind sie heute noch zu finden, zum Beispiel in der Erfurter Burg Kapellendorf. Üblicherweise waren Blidensteine rund, waren also eigentlich Blidenkugeln. Das typische Merkmal dieser Kugeln sind markante, abgeflachte Stellen. Die Abflachung sollte das Wegrollen des Steins beim Anziehen der Schleuder verhindern, und schon beim Zurechthauen der Kugel diente die abgeflachte Stelle der Standsicherheit. Immer, wenn die Munition zur Neige ging, wurden neue Steine geschlagen. Geübte Steinmetze benötigten nur wenige Stunden, um nachzuliefern. Die Gewichte der erhalten gebliebenen Erfurter Blidensteine schwanken zwischen 10 und etwa 100 Kilogramm. Sie waren ganz offenbar für verschieden große Bliden gemacht worden.

Die Erfurter Bliden wurden bezeugtermaßen häufig bei Angriffen eingesetzt.

Erstens sah sich die Stadt Erfurt oft genötigt, die Sicherheit auf den Handelsstraßen selbst zu verteidigen – wenn Thüringer Ritter den Verkehr störten oder den Warentransport auf den Straßen direkt angriffen. Bündnisse mit den Handelsstädten Mühlhausen und Nordhausen sollten diese Verteidigung noch kraftvoller machen. Man nutzte auch die Anwesenheit eines Kaisers oder Königs in Erfurt und zog unter dessen Schutz gegen die raubenden Ritter und ihre Burgen.

Zweitens engagierte sich die Stadt Erfurt bei der Durchsetzung von Landfriedensordnungen. Im Spätmittelalter war man immer weniger bereit, gewalttätige und rücksichtslose Fehden als Mittel der Auseinandersetzung zu dulden, und versuchte deshalb, mithilfe von Landfriedensordnungen Sicherheit herzustellen. Dazu wurde ein allgemeiner Gewaltverzicht verabredet, beschlossen und verkündet. Verstöße gegen eine verkündete und von allen beschworene Friedensordnung waren nun strafbar. Sie wurden durch verantwortliche Friedensgerichte geahndet. Aber zunächst musste man die Frevler ergreifen und dingfest machen – mit Bliden und Blidensteinen.

Auch die sogenannte Grafenfehde, die 1342 mit dem Zug gegen Arnstadt begann, sollte einen allgemeinen Landfrieden durchsetzen. Erfurt unterstützte dies an der Seite des thüringischen Landgrafen, und gerade ihr Potenzial an mauerbrechenden Waffen, ihren Bliden, beeinflusste den Ausgang dieses Kriegszuges entscheidend. So fand sich die Stadt am Ende des Krieges auf Seiten der Sieger. Sie konnte aus der Kriegsbeute, den Schadensersatzzahlungen der Besiegten und der Besoldung der Erfurter Kriegsdienstleistungen ihr Landgebiet um zahlreiche Dörfer erweitern. Schon seit dem 13. Jahrhundert kaufte die Stadt kontinuierlich Territorium. Und sie wusste – aber nicht erst seitdem –, dass das Geld der wohlhabenden Handelsstadt Erfurt oftmals ein noch wirkungsvolleres Kampfmittel war als Bliden und Blidensteine.

Blidenschießen (nach einer französischen Zeichnung des 14. Jh.)

SCHREIB, LERNE, LIES UND SPIEL NICHT MIT DEN WÜRFELN!

Spielwürfel (14. Jahrhundert)

Ach, Würfelspiel, dass ich so nackt einhergehe, das ist deine Schuld! Verflucht seien diejenigen, die dich erfunden haben!, zetert ein Mann, nur noch mit dem Unterhemd bekleidet. Die Szene findet in einem Wirtshaus statt. Dem Nackten widerspricht sogleich ein Mann im Pelz. Er sei ja selbst schuld, wenn er immer wieder spiele. Gleich danach aber lädt er ihn zum Würfelspiel um seinen Pelz ein. Aus dem Spiel entwickelt sich ein Streit und aus dem Streit entwickelt sich eine Wirtshausschlägerei, ein wahres Gemetzel. Die mittelalterlichen Erfurter scheinen würfelspielsüchtig gewesen zu sein. Zumindest erzählt der Dichter Nikolaus von Bibra in seiner satirischen Dichtung auf die Stadt Erfurt (1281) auf diese Weise davon.

Schon der römische Historiker Tacitus hat die Würfelspielsucht der Germanen beschrieben: Sie würden so lange spielen, bis sie nicht nur Haus und Hof, sondern sogar sich selbst verspielt hätten, um dann klaglos in die Sklaverei zu gehen. 1.500 Jahre später erfreute sich das Würfelspiel bei den Erfurtern immer noch ähnlicher Beliebtheit, und die Gefahren von Verarmung und Kriminalität durch die Besessenheit beim Spiel waren real. Deshalb wahrscheinlich findet man in der ersten Stadtordnung, dem *Zuchtbrief*, strenge Regelungen dazu. Würfelspiel um Geld war verboten. Jeder, der daran teilhatte – als Spieler, als Rechner oder als Gastgeber – machte sich strafbar. Ein Gastwirt aber, der auf Eid beteuern konnte, dass gegen seinen Willen gespielt worden war, blieb straffrei … Die ertappten Spieler sollten auf den Turm gesetzt werden, und zwar um so länger, je mehr Geld sie beim Spiel verloren oder gewonnen hatten. Aber da sich auf den Stadttürmen offenbar eine lustige Würfelspielszene entwickelte, sollte die Festgesetzten niemand besuchen dürfen – ausgenommen der Knecht, der das Essen brachte. Außerdem versuchte man, das Spiel um Geld unattraktiv zu machen, indem man die Verlierer von der Zahlung ihrer Spielschulden freistellte, das Einfordern der Spielgewinne jedoch unter Strafe stellte. Aber hat es etwas genützt?

Wahrscheinlich nichts, weder in Erfurt noch anderswo. Anders lässt es sich nicht erklären, dass fast bei jeder archäologischen Grabung in mittelalterlichen Horizonten Unmengen von Würfeln zutage treten. Und nicht nur Würfel, sondern auch die Werkstätten von Würfelmachern sind gefunden worden, ebenso in Erfurt. Bei Ausgrabungen am Juri-Gagarin-Ring/Ecke Krämpferstraße stieß man darauf. Man weiß seitdem um Quantität und Qualität des Herstellungsprozesses von Spielwürfeln im Mittelalter. Und man kann an den Funden sogar die Bemühungen um Rationalisierung der Würfelproduktion ablesen, offenbar weil der Bedarf so groß war. Allein die Frankfurter Spielbank, die damals nur während der Zeit der Frühjahrs- und Herbstmessen öffnete, kaufte in der Umgebung jährlich über 10.000 Würfel ein, die in den wenigen Messewochen zerspielt wurden.

Es gab Würfel aus Holz, Elfenbein, Bernstein, Silber und Gold. Der gemeine Spielwürfel aus der Massenproduktion allerdings war aus Knochen bzw. aus *Bein*, wie man diesen Rohstoff damals bezeichnete. Aus Bein wurden bis in die Neuzeit hinein zahlreiche Gegenstände hergestellt. Dinge, die aus relativ hartem, aber leichtem Material sein sollten: Griffe, Kämme, Nadeln, Knöpfe, Perlen, Schnallen, Ohrlöffelchen, Zahnstocher, Brillen und auch Würfel. Die Mittelfußknochen des Rinds, die für die Würfelherstellung verwendet wurden, fielen als Abfall bei den Fleischhauern der Stadt an. Der Fleischverbrauch und der Anfall an Knochen war in vergangenen Jahrhunderten hoch; zeitweise höher als heute. Sauber gekocht, entfettet, gebleicht, kunstvoll verarbeitet, geglättet und poliert, erinnerte das Fertigprodukt mehr an Elfenbeinarbeiten denn an Rinderfuß.
Die Würfel waren mit Kantenlängen von weniger als einem Zentimeter sehr klein. Sie konnten spitzeckig und spitzkantig oder rundeckig und rundkantig sein. Die Würfelflächen waren je nach Geschmack gerade oder konkav geschwungen. Die Zählpunkte auf den Würfeln wurden auf vielfältigste Weise gebohrt: einfache Punkte, Kreisaugenpunkte, doppelte Kreisaugenpunkte, auch gern eingefärbt. Ein ganzes Arsenal an Werkzeug war dem Würfelmacher vonnöten, um das volle Sortiment an Würfeln herzustellen: Beil, Hammer, Säge, Beitel, Ritzwerkzeug, Fräsinstrumente, Schnitz- und Ziehmesser, Feile, spezielle Bohrer, Schraubstock und Drehbank. Die Feinheit der Werkzeuge erstaunt uns heute. Beispielsweise waren Sägeblätter mit Stärken von weniger als 0,5 Millimetern bei der Würfelherstellung keine Seltenheit. Mittelalterliches Handwerk!

Mit Würfeln wird bereits seit Jahrtausenden gespielt. Sie sind üblicherweise mit Würfelaugen von eins bis sechs belegt, und die gegenüberliegenden Augenzahlen sollten zusammen sieben ergeben. Ansonsten handelt es sich um Falschspielerwürfel. Auch die hatten die Würfelmacher im Angebot. Man musste sich also vorsehen, wenn mit eigenen Würfeln gespielt werden sollte oder der Würfelverleiher eine etwas zwielichtige Gestalt war. Gespielt wurde übrigens nicht nur mit den Würfeln allein. Auch Brettspiele mit Würfeln waren bereits bekannt und beliebt, selbst beim Schach wurde gewürfelt. Würfel wurden nicht nur zum Spielen benutzt. Man befragte sie in Entscheidungssituationen und setzte sie oft ein, wenn das Los entscheiden sollte – nicht zuletzt zur Beendung von Streitigkeiten. Vielleicht auch bei Zwistigkeiten, die ursprünglich durch ein Würfelspiel ausgelöst worden waren?

Freizeit im Mittelalter bedeutete für viele: Würfelspiel. Kaum eine Gruppe von Menschen widmete sich nicht irgendwann einmal diesem Spiel. Selbst die Studenten musste der Dichter Nikolaus von Bibra vor fast 750 Jahren ermahnen: *Schreib, lerne, lies und spiel nicht mit den Würfeln!*

Würfelbecher gehörten zum mittelalterlichen Würfelspiel

DÜSTERES MITTELALTER? FARBIGES LICHT!

Glasmalerei aus dem Dom (um 1400)

Wer das Glück hatte, das Erfurter Baugeschehen zwischen 1350 und 1400 über längere Zeit beobachten zu können, war sicher fasziniert – vor allem vom kirchlichen Bauen. Erfurt verfügte schon über einen großen Bestand an sehenswerten Kirchen. Mehr als 20 Pfarrkirchen, zahlreiche Kloster- und Stiftskirchen, etliche Kapellen. Aber nun kamen Bauwerke hinzu, die in ihrer Dimension bisher unbekannt waren – den meisten Erfurtern jedenfalls. Im Zentrum der Stadt, links und rechts der Gera, bauten die Franziskaner und die Dominikaner an ihren Klosterkirchen. Sie sind in Erfurt vielleicht besser als Barfüßer und Prediger bekannt. Sie vergrößerten ihre Kirchen um riesige Kirchenschiffe, lang und hoch. Gewaltige, staunenswerte Baukörper! Und wie schön und wie edel sie von innen waren. Helle hohe Räume, schlanke Stützpfeiler, die sich nach oben in das Deckengewölbe verzweigen wie ein Baum. Auch heute noch fasziniert uns die Predigerkirche, während man es für die Barfüßerkirche leider nur noch ahnen kann.

Aber der kühnste Bau war wohl der Neubau des Chors für die Marienkirche, unseren Dom. Diesen Bau wollte man in einer solchen Größe errichten, dass der Domberg dafür nicht ausreichte. Man musste erst die Grundfläche des Bergs vergrößern, um den gewaltigen Chor darauf setzen zu können – vor die Kirchtürme, in Richtung Stadt. Zu seiner Vergrößerung baute man gewaltige Gewölbebögen vor den Berg, die das Gewicht des hohen Chors bis heute tragen. 1371 wird der fertige Chor geweiht. Es ist ein Bau, der scheinbar gar keine Wände mehr hat, bei dem die Wände nur noch aus Pfeilern bestehen. Dazwischen Fenster, 15 riesige Fenster. Ein Bau aus Stein und Glas, wobei das Glas das Übergewicht zu haben scheint.

Es ist geplant, alle 15 Fenster mit Glasmalereischeiben zu versehen. Anders hatte es das Publikum vielleicht auch nicht erwartet. Der Vorgängerbau des Chors war schon farbig verglast gewesen, und die hohen Fenster der neuen Bettelordenskirchen waren auch bunt. Von außen scheinen diese Fenster unauffällig, aber von innen gesehen, kann man in Verzückung geraten. Farbige Ornamente, zusammengefügt aus vielen, passend geschnittenen Glasscheibenstücken. Zum Teil waren die einzelnen Scheiben schwarz übermalt worden, um dann Ornamentflächen freizukratzen – Ranken und Blätter zum Beispiel. Sie leuchten vor schwarzem Hintergrund noch heller. Oder man hatte mit der schwarzen Farbe (Schwarzlot) auf das farbige Glas gezeichnet – Gesichtskonturen zum Beispiel. Danach musste die Glasscheibe noch einmal erhitzt werden, um Schwarzlot und Glas fest miteinander zu verschmelzen. Anschließend fügte man die einzelnen Scheiben mit Bleischnüren zu ganzen Fensterflächen zusammen.

Das farbige Glas für die Kirchenfenster war nicht in Erfurt gemacht worden. Man konnte es in großen Glashütten bestellen und hierher liefern lassen. Es war teuer – schon wegen der gewaltigen Holzmengen, die man für die Glasschmelze benötigte. Alle weiteren Arbeiten werden in Erfurt ausgeführt. Mehrere Glasmalereiwerkstätten sind beschäftigt, um die Großaufträge zu bearbeiten. Denn, was nun im Dom entsteht, ist ein Riesenauftrag und etwas ganz Neues. Nicht nur Ornamente, sondern eine gigantische Bilderwand, die Geschichten aus dem Alten und dem Neuen Testament, von Heiligen und von Märtyrern erzählt. Über 1.100 einzelne Scheiben. Es dauert Jahrzehnte, bis das Kunstwerk komplett ist. Aber bald sind die ersten Fenster zu erleben. Wahrscheinlich zuerst das Marienfenster, auf das man zugeht, wenn man den hohen Chor betritt. Eine göttliche Geschichte – nicht geschrieben oder erzählt, sondern in großen, lebendigen Bildern dargestellt, die aus sich selbst heraus zu leuchten scheinen. Welch einen Eindruck muss es vor 600 Jahren gemacht haben! Es gibt Stiftungen für weitere Fenster. Und die Erfurter nehmen sicher innigen Anteil am Entstehen des Kunstwerks, das weit und breit nichts Vergleichbares hat.

Sie nehmen wahrscheinlich innigsten Anteil, denn das kirchliche Geschehen ist untrennbarer Teil ihres Lebens. Das Leben ist durchdrungen davon. Es ist nicht vorstellbar ohne Religion. Unmittelbar nach der Geburt, am nächsten Tag meist, findet ohne Verzug die Taufe statt. Dadurch wird man in die kirchliche Gemeinschaft aufgenommen und wächst hinein. Das Gebet ist wichtiger Teil des Tages. Es wird gebetet für sich selbst und für die Familie. Es wird gebetet für die Gemeinschaft, zu der man gehört, und für die Stadt, in der man lebt. Weltliches Tun geschieht nie ohne religiöses Denken. Religion und Religionsausübung sind selbstverständlich. Im 14. Jahrhundert möchte man sogar von religiöser Begeisterung sprechen – gerade, seitdem die Bettelmönche in der Stadt sind und so überzeugend predigen und ebenso engagiert in der Seelsorge wirken. Die Gläubigen kommen in Scharen zu ihnen. Auch die traditionellen Formen des kirchlichen Lebens, die Feste im Jahresverlauf, die großen Prozessionen, ziehen jahrhundertelang viele Besucher an. Nicht nur aus Erfurt, sondern auch aus der näheren und weiteren Umgebung kommen sie. Der Besuch der prachtvollen Erfurter Kirchen und ihrer Feierlichkeiten war ein besonderes Erlebnis.

Die Fenster des Doms haben die Zeiten überdauert. Kriege, Brände, Kirchenumbauten und Restaurierungen haben sie hinter sich gebracht. Sie waren bis in die Mitte des 19. Jahrhunderts zwar immer mal wieder reparaturbedürftig, aber ohne Vergang. Danach jedoch dauerte es nur wenige Jahrzehnte, bis die Schönheit der mittelalterlichen Glasmalereien im Hohen Chor kaum noch erlebbar und das Kunstwerk in seinem Bestand gefährdet war. Glaskorrosion auf der Außenseite des Glases behindert den Lichteinfall. Das farbige Glas leuchtet nicht mehr. Es glimmt nur noch. Die Bilder sind kaum noch zu erkennen. Ursache dafür war und ist die im 19. Jahrhundert beginnende hohe Luftverschmutzung. In Verbindung mit kondensierender Feuchtigkeit zerstört sie die Bemalung auf dem Glas und das Glas selbst. Es korrodiert und zerfällt schließlich. Als der gefährlichste Schadstoff für das mittelalterliche Glas gilt Schwefeldioxid. Es entsteht zum Beispiel bei der Verbrennung von Kohle. Zwischen 1850 und 1990 wurde fast ausschließlich Kohle zur Energiegewinnung und zum Heizen verwendet – sowohl in der Industrie als auch in den meisten privaten Haushalten. Die Luftverschmutzung in Erfurt war prekär. Darunter litten augenscheinlich nicht nur die Menschen.

Die mittelalterlichen Gläser der abgebildeten Scheibe waren alledem nicht ausgesetzt. Nach Reparaturarbeiten im frühen 19. Jahrhundert sind etliche originale Glasscheiben aus dem Dom nicht wieder eingebaut, sondern verkauft worden. Sie befinden sich heute in Museen in aller Welt. Untersuchungen an diesen wohlerhaltenen Gläsern unterstützen die seit rund 20 Jahren laufenden Restaurierungsarbeiten an den farbigen Glasmalereifenstern im Hohen Chor des Erfurter Doms. Sie bemühen sich darum, die Farbigkeit der Fenster wieder erstrahlen zu lassen und das Glas in seinem Bestand zu erhalten. Möge es gelingen.

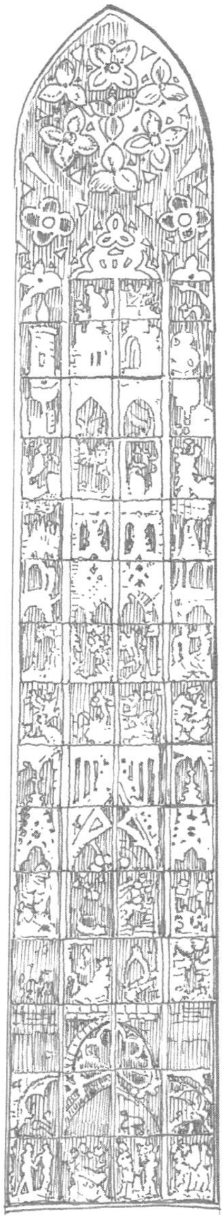

Gesamtansicht eines Glasmalereifensters im Erfurter Dom

GOOGLE EARTH 1493

Ansicht Erfurts in der Schedelschen Weltchronik (1493)

1493 war Erfurt zu einer beinahe hektischen Großstadt herangewachsen: Etwa 20.000 Einwohner, darunter hunderte Universitätsstudenten von überall her. Eine Kreuzung von Handelsstraßen, auf denen ständig Betrieb war. Märkte und Messen, Handwerk und Gewerbe aller Art. Städtisches Leben. Dazu ein vielfältiges geistliches Leben. Schier unzählige Kirchtürme bestimmten die Stadtsilhouette und gaben ihr ein unverwechselbares Bild, vor allem, wenn man sie aus der Ferne betrachtete. Politisch war die Stadt Erfurt auf dem Höhepunkt ihrer Entwicklung angelangt. Man hatte alles Erstrebte erreicht, vor allem eine relative Unabhängigkeit vom Stadtherrn, dem Erzbischof und Kurfürsten von Mainz. Diese Unabhängigkeit hatte man genutzt, um das Territorium der Stadt zu vergrößern. Zur Stadt gehörte nun auch ein großes Landgebiet. Erfurt begann schon weit vor den eigentlichen Stadtmauern. Wachtürme und Burgen markierten die Grenzen des *Erfurter Landes*. Erfurt war eine bekannte, berühmte, *gedächtniswürdige* Stadt.

Das muss der Grund gewesen sein, dass sie aufgenommen wurde in ein gigantisches Buchprojekt, das erstmals gedruckte Ansichten deutscher Städte zeigte.
Zwei Nürnberger Geschäftsleute kamen 1491 auf diese Idee. Sie beschlossen, eine reich illustrierte Weltgeschichte herauszugeben und diese mit vielen Abbildungen der schönsten, größten und sehenswertesten deutschen Städte zu bereichern. Soeben war ein Buch mit italienischen Städteansichten erschienen. Nun wollten die Nürnberger die ersten sein, die ein Buch mit deutschen Städteansichten auf den Markt brachten. Für die Verwirklichung dessen schlossen sie sich mit zwei namhaften Künstlern aus Nürnberg und einem sehr patenten Buchdrucker, ebenfalls aus Nürnberg, zusammen. Später gab es noch einen weiteren Mann, der am Projekt arbeitete, den Nürnberger Arzt und Gelehrten Hartmann Schedel. Er schrieb die Texte der Weltchronik bzw. stellte diese aus älteren Geschichts-

ERFOR

werken neu zusammen. Mit seinem Namen wird die Chronik heute üblicherweise versehen – die *Schedelsche Weltchronik*.

1493 kam das Buch in den Handel. In der Zwischenzeit waren in den Nürnberger Papiermühlen Hunderttausende Bögen Papier geschöpft worden. Es waren in den Werkstätten der beiden Maler und Holzbildhauer fast 650 Holzschnitt-Druckstöcke für die Illustrationen entstanden, zum Teil riesengroß, über zwei Buchseiten reichend. Für jeden einzelnen davon hatte man zunächst Zeichnungen gemacht, hatte sie anschließend auf Holz übertragen und freigeschnitten. Schließlich waren mehrere Tausend Bücher gedruckt und danach handkoloriert worden, vor allem die Stadtansichten. 23 Ansichten deutscher Städte gibt es im Buch, die als authentisch gelten, das heißt sie sind vielleicht durch persönlichen Augenschein entstanden. Erfurt gehört dazu.

Zugegeben, die künstlerische Qualität des Erfurter Holzschnitts wird kritisch bewertet. Das bewunderungswürdigste bauliche Ensemble der Stadt, Dom und Severi, sei leider überhaupt nicht gelungen. Aber, abgesehen davon, hat der Zeichner etwas Wesentliches doch erfasst: die turmreiche Erfurter Silhouette. Zusätzlich zu den höher gelegenen großen Kirchen Dom, St. Severi und St. Peter hat er weitere 21 Kirchtürmchen und Kirchlein in das Stadtbild gesetzt. Das ist, verglichen mit den übrigen Stadtansichten im Buch, einzigartig. So einzigartig, wie Erfurt mit 38 Kirchen und Kapellen auch gewesen ist. Eine prächtige Stadt in voller Blüte.

Allerdings hatte 1472 ein gewaltiger Brand die Stadt Erfurt betroffen. In der Schedelschen Weltchronik wird davon erzählt. Und danach scheint der Höhepunkt der Stadtentwicklung überschritten. In den 1480er Jahren kann Erfurt seine Position zwischen den großen Machtkonkurrenten in Thüringen, Mainz und Sachsen, nicht mehr halten. Sie wenden sich vereint gegen die Stadt. Erfurt wird zu politischen Zugeständnissen gezwungen, muss enorme Schutzgeldzahlungen leisten und sich für einen eventuellen Verteidigungsfall rüsten. Geld muss aufgenommen werden, und zehn Jahre später wird die Stadt an den Zinsen für dieses Geld beinahe verzweifeln.

Und das Buchprojekt Weltchronik? Die Herausgeber hatten sich sicher mehr erhofft. Man hatte eine lateinische und eine deutsche Ausgabe gemacht. Fast 2.000 Exemplare waren gedruckt worden. Nicht alle konnten verkauft werden. Zwar war die Lust auf ein Buch, das die Welt zeigt, groß – aber andere Verleger machten sich dieses Interesse auch zunutze und platzierten schnell preiswertere Nachdrucke am Markt. Bekannt, berühmt und *gedächtniswürdig* ist bis heute aber nur das Original.

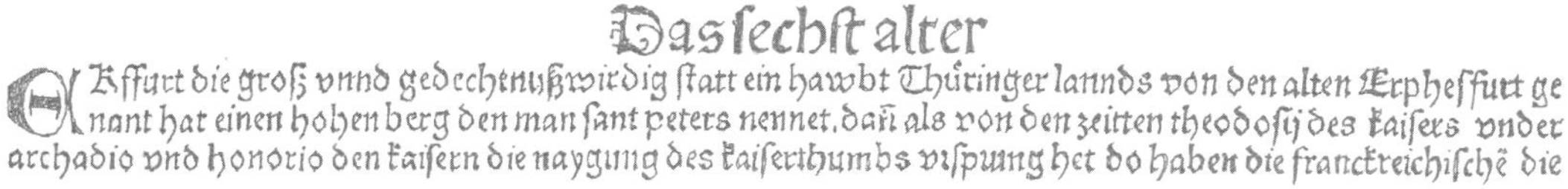
Das sechst alter

Erffurt die groß vnnd gedechtnußwirdig statt ein hawbt Thüringer lannds von den alten Erphesfurt genant hat einen hohen berg den man sant peters nennet. dañ als von den zeitten theodosij des kaisers vnder archadio vnd honorio den kaisern die naygung des kaiserthumbs vrspung het do haben die franckreichischẽ die

Textanfang zur Stadt Erfurt in der Schedelschen Weltchronik

UND NUN LUTHER

Matrikel der Erfurter Universität, Band 2 (1498–1599)

Erfurt hatte die beste und berühmteste Universität im ganzen Land. Das darf man für das 15. Jahrhundert und besonders für die Zeit ab 1450 ohne Zögern behaupten. Über 500 Studenten ließen sich jährlich immatrikulieren, und da sie etliche Jahre blieben, müssen sich wohl vielleicht tausend Studenten im Universitätsviertel getummelt haben.

Erfurt hatte außerdem eine der ältesten Universitäten des Heiligen Römischen Reiches deutscher Nation. Als allererste Stadt überhaupt wandte sich Erfurt 1379 an den Papst mit der Bitte, eine Universität zu genehmigen. Erfurt, die fünftgrößte Stadt des Landes, traute sich zu, eine solche Studieneinrichtung zu unterhalten. Und sie wollte sie, um den Ruhm der Stadt weiter zu mehren. Die Bitte um Genehmigung hatte sofort Erfolg. Bis aber die Stadt Erfurt im Besitz eines wirklich verwendbaren Privilegs war, vergingen noch etliche Jahre. Erst 1392 nahm die Universität den Studienbetrieb auf. 50 Jahre später war sie die beliebteste Bildungsstätte mit einem ausgezeichneten Ruf. Einen guten Ruf hatte sie auch 1500 noch. Etwa 30.000 Studenten aus vielen Teilen des großen deutschen Reiches waren bis dahin nach Erfurt gekommen, um gerade hier zu studieren. Mehr Studenten hatte bis zu diesem Zeitpunkt fast keine Universität zählen können.
Und die Universität Erfurt hatte den vielleicht berühmtesten Studenten überhaupt. 1501 kommt der siebzehnjährige Martin Luther nach Erfurt, um sich an der hiesigen Universität zum Studium einzuschreiben. Für Martin Luther aus Mansfeld und seine Eltern mag es eine leichte Entscheidung gewesen sein, die bekannte Universität Erfurt für sein Studium auszuwählen. Er schrieb sich Ostern 1501 zum Sommersemester als *Martinus Ludher ex Mansfelt* in die Matrikel der Erfurter Universität ein. Das heißt, sein Name wurde eingetragen als einer von den 145 Studenten, die mit ihm gemeinsam in diesem Frühjahr das Studium begannen. Der Eintrag diente nicht zuletzt dem Nachweis, dass Martin

Luther die fälligen Einschreibgebühren gezahlt hatte. Und dieser Eintrag ist für ihn, wie für die meisten anderen Studenten seiner Zeit, der erste schriftliche (urkundliche) Beleg aus seinem Leben. Seine Mitstudenten kamen vor allem aus Thüringen und aus Norddeutschland, aber auch aus Sachsen, Hessen, Franken und Böhmen. Am weitesten gereist war der Kommilitone aus Salzburg.

Auf Wunsch seines Vaters kam Martin Luther wohl mit dem Ziel nach Erfurt, hier Jura zu studieren. Dies war einer von drei möglichen Fachstudiengängen, die man im 16. Jahrhundert an Universitäten belegen konnte. Die beiden anderen waren Theologie und Medizin. Bevor er jedoch Student an der juristischen Fakultät werden durfte, sollte er nach geltender Studienordnung das vorbereitende Studium der sieben freien Künste (*septem artes liberales*) an der philosophischen Fakultät absolvieren. Es war dem „eigentlichen" Studium vorgeschaltet, aber es blieb für die meisten auch der einzige Studiengang, den sie belegten.

Zunächst erst einmal bezog Martin Luther ein Zimmer in einer Burse, wahrscheinlich in der Georgenburse in der heutigen Augustinerstraße, denn für einen Studenten war es vorgeschrieben, in einem Colleg oder in einer Burse der Universität zu wohnen und sich den geltenden Lebens- und Arbeitsregeln in diesem Haus unterzuordnen.

Dann begann das Studium der sieben freien Künste. Sieben freie Künste? Dieser Lehrgang aus sprachwissenschaftlichen und naturwissenschaftlichen Fächern, aus Philosophie und wissenschaftlichen Erkenntnismethoden stammte bereits aus der Antike und hatte den Anspruch, den Studierenden mit Bildung, aber auch mit der Fähigkeit zum Bildungserwerb, mit Methoden des Denkens zu versehen. Klassisch umfasste der Studiengang der sieben freien Künste zwei Teile. Zunächst das Trivium, zu dem drei Fächer gehörten, die auf die Kenntnis der lateinischen Sprache und Literatur orientierten: Grammatik, Rhetorik und Logik bzw. Dialektik. Anschließend widmete man sich im Quadrivium vier „rechnenden" Fächern: Arithmetik, Geometrie, Astronomie und Musik. Letztere wurde auf Grund ihrer fast mathematischen Regeln als Naturwissenschaft betrachtet. Luther, der die Musik liebte, lernte hier die Grundlagen der Musiktheorie und vermochte anschließend zu komponieren. Von ihm stammen Lieder, die der Reformation Schwung gaben und die bis heute gern gesungen werden.

Martin Luther studierte konzentriert. Schon nach drei Semestern stellte er sich der ersten Prüfung, dem Baccalaureus-Examen, das er im September 1502 mit 56 anderen Studenten erfolgreich bestand. Damit hatte er einen ersten akademischen Grad erworben, der ihm erlaubte, das Studium zum Magister fortzusetzen. Im Januar 1505 meldete sich Martin Luther für die Magister-Prüfung an der Philosophischen Fakultät an. Das schafften wenige. Es ist überliefert, dass er sie als zweitbester der 17 Kandidaten ablegte. Zur Bestätigung dessen wurde sein Name als *magister Martinus Luder ex Mansfeldt* in der entsprechenden Matrikel der Philosophischen Fakultät registriert.

Wenn Martin Luther im Sommersemester 1505, nunmehr 21 Jahre alt, auch zunächst dem Willen des Vaters entsprach und mit dem Jurastudium begann, so sollte sich dennoch sehr bald eine Veränderung ergeben. Am 17. Juli 1505 bat er an der Pforte des Augustinerklosters um Aufnahme in dieses. Auf den ersten Blick scheint es ein spontaner Entschluss, ein kurz zuvor abgelegtes Gelübde gewesen zu sein, was ihn dorthin führte. Hatte er doch in der Nähe von Erfurt bei Stotternheim, am 2. Juli 1505, ein fürchterliches Gewitter erleben müssen, während dessen er mit angstvollen Gebeten die Heilige der Bergleute rief: „Hilf, heilige Anna, ich will ein Mönch werden!“ Wahrscheinlicher ist jedoch, dass ihn die Überlegung, in den geistlichen Stand einzutreten, bereits länger umtrieb und durch dieses Erlebnis eine Entscheidung gefunden hatte.

Matrikeleintrag Martin Luthers von 1501

DATE CESARIS CESARI QVE DEI DEO

TALER, TALER, DU MUSST WANDERN …

Erfurter Taler (1617)

Ein 400 Jahre alter silberner Erfurter Taler, 28 Gramm schwer, vier Zentimeter im Durchmesser. Schon der Klang dieser Münze ist faszinierend – ein hoher, heller Ton, silberhell. Und wie er in der Hand liegt! In wie vielen Händen er wohl schon gelegen haben mag?

Das Prägebild auf dem Taler ist trotzdem noch sehr gut erhalten. Es gibt das große Erfurter Stadtwappen zu sehen, ringsherum Schrift. Die Jahreszahl ist zu erkennen sowie allerlei Verzierungen und Symbole. Wenn man genau hinsieht, kann man links und rechts des Wappens die alchemistischen Symbole von Schwefel (links) und Quecksilber (rechts) ahnen. Wegen dieser beiden Symbole kam recht bald die Diskussion auf, ob es sich vielleicht um Münzen aus alchemistischem Silber handelt. Man mutmaßte, dass das Silber für die Taler künstlich hergestellt worden sei. Anleitungen für die Herstellung der Edelmetalle Gold und Silber aus unedlen Elementen waren im 17. Jahrhundert wirklich im Umlauf und entsprechende Versuche hat es immer wieder gegeben. Eigentlich jedes Mal ohne Erfolg. Aber vielleicht hatte es ja diesmal, 1617 in Erfurt, funktioniert?

Nein, auch das Silber der Erfurter Taler ist nicht chemisch erzeugt worden, sondern stammt aus dem Silberbergbau. Und die alchemistischen Symbole lassen sich als Zeichen des Erfurter Münzmeisters Johann Schneider, genannt Weißmantel, deuten. Andere Münzmeister verewigten ihre Initialen auf den Münzen, die sie prägten. Seine Meistermarke waren zwei Symbole.

Das Geld der Erfurter hat jahrhundertelang nur aus einer Sorte Münzen bestanden, den Pfennigen. Seit dem 8. Jahrhundert bezahlte man damit. Vorher hatte man sich mit originalen oder nachgemachten römischen Münzen beholfen. Für den Fernhandel, der große

Warenmengen bewegte, war die Pfennigwährung unpraktisch. Wenn größere Summen bezahlt werden mussten, dann wurde ungemünztes Silber gewogen und verrechnet. Oder man stellte einen Wechsel aus, quasi einen Scheck. Seit dem 14. Jahrhundert ist dies verbürgt. Im 15. Jahrhundert kam eine größere Silbermünze in den Umlauf, der Groschen. Er war so viel wert wie 12 Pfennige. Und rund 150 Jahre später, nach mächtigen Silberfunden in Joachimsthal im Erzgebirge, begann man noch größere Münzen im Wert von 20 bis 24 Groschen zu schlagen. Nach dem Ort ihrer Prägung nannte man sie zunächst Joachims*thaler* Guldengroschen, später einfach Taler. Der Taler wurde neben Pfennigen und Groschen die dritte wichtige Münze, die die Erfurter im Geldbeutel haben konnten. Und das blieb so – bis zur Einführung des Papiergeldes bzw. bis zur Ablösung aller vorher geltenden Münzen durch Mark und Pfennig mit der Gründung des Deutschen Reiches 1871.

Aber bis dahin klimperten nicht nur Erfurter Taler in den Kassen unserer Stadt. Durch den Handel gelangten Geldstücke aus allen Gegenden des Deutschen Reiches und Mitteleuropas nach Erfurt und wurden hier nach Wechselkurstabellen umgetauscht oder in Zahlung genommen. Anders als in anderen europäischen Ländern verfügten im Deutschen Reich neben dem König viele territoriale Herrschaften über das Recht, Münzen zu prägen. Auch die Mainzer Erzbischöfe hatten die Genehmigung, Geld „herzustellen" und in den Umlauf zu bringen. Die ältesten erzbischöflichen Pfennige, die man kennt, sind über 1.000 Jahre alt. Seitdem liefen die Münzpressen ohne Unterlass. Jedes Jahr ließ man neue Pfennige machen. Anschließend mussten sämtliche alten, bis dahin gültigen Pfennige, in neue Pfennige umgetauscht werden – gegen eine Gebühr. Dieser Zwangsumtausch musste unter Androhung schwerer Strafen befolgt werden, und er bedeutete für die Erfurter eine jährlich sich wiederholende Geldentwertung. Nicht zuletzt aus diesem Grund bemühte sich der Erfurter Rat, das Münzrecht selbst in die Hand zu bekommen. Zunächst pachtete man die Münze. Später, 1352, erwarb man sie. Nun wurden nur noch die Münzen geprägt, die Handel und Wandel benötigten: Pfennige, Groschen und später auch Taler. Allerdings hat die Erfurter Münzprägeanstalt nur einige wenige Male eigene Taler herausgegeben, die meisten davon im Jahr 1617.

Für einen Taler musste ein Erfurter Zimmermann 1617 mehr als eine Woche lang arbeiten. Für eine ordentliche Mahlzeit im Wirtshaus und eine große Kanne Bier dazu hatte er drei Groschen zu zahlen. Zettelte er aber anschließend eine Schlägerei an und es gab Verletzte, so konnte eine Buße in Höhe des Monatslohns fällig werden. Und die Taler wanderten davon.

Rückseite eines Erfurter Talers von 1617

EMPFANG IM RATHAUS

Sturzbecher aus dem Erfurter Ratssilber (1566, registriert 1623)

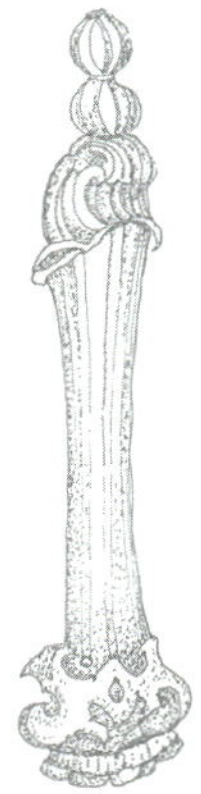

In vergangenen Jahrhunderten bildete ein gemeinsamer Trunk stets den Beginn oder den Abschluss eines feierlichen Ereignisses. Auch jede Vereinbarung, ob nun amtlich oder geschäftlich, wurde durch einen Umtrunk besiegelt. Eigentlich beinahe jedes offizielle Beieinander endete mit einem gemeinschaftlichen Getränk, wenn nicht sogar zusammen gegessen wurde. Je nach Anlass konnte der Trunk aus einer schlichten Runde Bier bestehen, konnte aber auch als aufwendige Zeremonie inszeniert werden. Zu einer solchen gehörten dann prächtige Pokale. Im 16. Jahrhundert hatte man Freude daran, den Trunk in ausgefallenen, pompösen, scherzhaften, ja witzigen Pokalen zu reichen, um die Gäste zu unterhalten. Zu diesen Pokalen gehört ohne Zweifel der Sturzbecher aus dem Erfurter Ratssilber.

Man stelle sich das tönende Gelächter vor, wenn im Erfurter Rathaus der Willkommenstrunk aus dem weiten Rock einer Jungfrau getrunken werden sollte, die zu diesem Zwecke um die Taille bzw. um den Hals gepackt wurde und erst wieder abgesetzt werden konnte, wenn der Pokal geleert war. Im gefüllten Zustand, wenn also die Jungfrau den Kopf nach unten hielt, konnte man den Spruch lesen, der rings um den Rand des Bechers läuft und der in etwa heißt, dass eine gute Ehefrau ihrem Mann eine Freude ist – noch größer sei die Freude, wenn sie ihn mit Wein willkommen heiße bzw. den Willkommenspokal selbst darstelle: Wein und Weib in Kombination.

Vielleicht wurde der Pokal aber auch nur förmlich herumgereicht, während man sich unterhielt und ab und an in Konfektschalen griff. Je nach Tageszeit und Anlass fiel der Umtrunk im Rathaus natürlich unterschiedlich aus, und für den Vormittag galten Konfekt und Süßwein lange Zeit als sehr schicklich. Stets aber waren die Tafel und der Saal mit dekorativen Stücken aus der Ratssilbersammlung geschmückt. Die Ratssilbersamm-

lung wurde eigens zu Repräsentationszwecken unterhalten und enthielt vor allem erlesenes, von Goldschmieden gefertigtes Trinkgeschirr: Becher, Kannen, Pokale, aber auch Schalen und Teller. Jedes Stück ein Kunstwerk.
Möglicherweise war der Becher ein Geschenk eines Erfurter Ratsherrn. Vielleicht haben auch Abgesandte des Nürnberger Rates den silbernen Kelch mitgebracht. Gastgeschenke waren auch vor Jahrhunderten üblich, und nicht selten schenkte man sich Objekte für die silbernen Prunksammlungen. Dann natürlich Arbeiten von Goldschmieden aus der eigenen Stadt. Den Sturzbecher hat der Nürnberger Goldschmied Caspar Widmann 1566 gefertigt. Er hatte vielleicht die jungfräuliche Göttin Athene bzw. Minerva im Sinn, als er den Becher schuf, denn die Figur auf dem Becher trägt einen Helm – gerade so, wie man es auf Darstellungen der Göttin der Weisheit findet. Dann wäre es zwar ein scherzhaftes, aber dennoch ein würdiges Geschenk gewesen.

Durch Sammeln und Schenken entstanden in den großen reichen Städten prächtige Ratssilbersammlungen, die man bei Empfängen gern präsentierte und benutzte. Man schuf damit Atmosphäre und demonstrierte nebenbei die wirtschaftliche Potenz der Stadt. Die wenigen Objekte aus diesen Sammlungen, die heute noch existieren, sind ein Denkmal für die exzellenten Goldschmiede, die sie zwischen dem 14. und 17. Jahrhundert anfertigten. Schade, dass das Ratssilber der meisten Städte untergegangen ist. So auch in Erfurt. Ein ganz kleiner Rest ist geblieben, darunter die Jungfrau. Das konnte wohl niemand übers Herz bringen, sie einzuschmelzen, zu verkaufen oder zu verschenken, um Arges von der Stadt abzuwenden. Denn das war das Schicksal vieler Ratssilbersammlungen, und es geschah in vielen Städten während des Dreißigjährigen Krieges (1618–1648). Die Städte konnten die Ausgaben, die der Krieg von ihnen forderte, aus den gewöhnlichen städtischen Einnahmen bald schon nicht mehr leisten. Deshalb griff man nach allen Werten, die leicht einsetzbar oder veräußerbar waren, natürlich auch nach dem Silber des Stadtrates.
Bei der Stadt Erfurt kam noch dazu, dass sie bereits in schwierigen finanziellen Verhältnissen war, bevor der Krieg die Stadt erreichte und plagte. Und das kam so: Wenn es möglich war, legte Erfurt überschüssiges Kapital in Darlehensgeschäfte am Geldmarkt an, in sogenannte Rentenkäufe. Sie boten mit fünf Prozent Zins eine gute Rendite. Am

Ende des 16. Jahrhunderts war die Stadt dazu wieder in der Lage, und so wandten sich etliche thüringische Fürsten und sogar der Kaiser des Heiligen Römischen Reiches an die Stadt mit der Bitte, ihnen Geld zu leihen. Und obwohl der Erfurter Rat wusste, dass derartige Anleihen risikobehaftet sein konnten, verlieh er hohe Summen. Erstens wollte man weder politische Vorteile verlieren noch politische Nachteile riskieren; und zweitens war oft mit einem gewissen Nachdruck um Geld gebeten worden. *Auf gänzliche Verweigerung wäre allemal nicht zu beharren gewesen*, kann man als Kommentar dazu in den Quellen lesen. Bald schon gab es tatsächlich Schwierigkeiten bei der Zinszahlung. In den ersten Jahrzehnten der Darlehenslaufzeit konnte man sich gerade noch verständigen, aber nach Ausbruch des Krieges im Jahr 1618 stellten die meisten landesherrlichen Schuldner ihre Zahlungen ein. Der Stadt Erfurt fehlten die ausbleibenden Zinsen außerordentlich. Sie geriet in finanzielle Bedrängnis. 1628 schrieb man auch das verliehene Kapital (das Mehrfache eines Jahreshaushaltes) als *uneinbringliche* Schuld ab. Die Bilanz der Stadtkämmerei stürzte ab.
Aber 20 Jahre Krieg mit ungeheuren Belastungen, vor allem infolge von Durchmärschen und Einquartierungen der verschiedensten Armeen, waren noch zu überstehen. Wahrscheinlich ist auch der Erfurter Ratssilberschatz, 1623 immerhin etwa 400 Kilogramm schwer, dafür hingegeben worden.

Umschrift auf dem Jungfrauenbecher

ert in dergleichen
vorgünstigen Herren an
verbleiben wir jederzeit
am 22/12. 8bris A°. 1666.
Der Rath zu Da
en und Freunde.

KALENDERSTREIT

Briefbuch des Erfurter Rates (1666)

as für ein merkwürdiges Datum. Klar scheint zunächst nur das Jahr zu sein: 1666. Um welchen Monat es sich handelt, wird bei näherer Überlegung auch deutlich. Die ersten beiden Silben des Monatsnamens sind durch die Ziffer 8 dargestellt. Wenn man sich den lateinischen Namen dieser Zahl in Erinnerung ruft: *octo*, weiß man nun, dass das Dokument aus dem Oktober 1666 stammt. Aber an welchem Tag wurde der Text geschrieben – am 12. oder am 22. Oktober 1666? Darüber war man sich damals nicht nur in Erfurt uneinig.

1582 hatte der Papst Gregor XIII. zehn Tage aus dem Kalender streichen lassen. Auf den 4. Oktober sollte der 15. Oktober 1582 folgen. Das war sehr vernünftig und seit Langem notwendig, weil Kalender und Jahreszeiten nicht mehr zusammenpassten. Das Kalenderjahr war für das astronomische Jahr zu lang. Dadurch waren alle Fixpunkte des Jahres – die Tag-und-Nacht-Gleichen wie die Sonnenwenden – von ihren ursprünglichen Plätzen gerutscht. Die beweglichen Feiertage des Kirchenjahrs, die danach berechnet wurden, feierte man längst nicht mehr zu ihren eigentlichen Terminen. Eine Kalenderreform, die das durch die Streichung etlicher Tage und die Einführung von Schaltjahren ausglich, war sinnvoll. Durchführbar war sie jedoch nur bedingt. Lediglich in den katholischen Gebieten der Welt war man bereit, den vom Papst initiierten neuen Kalender zu akzeptieren. Im Deutschen Reich, das seit der Reformation konfessionell gespalten war, entbrannte der Streit. Denn man stand sich mittlerweile nicht nur in Glaubensfragen, sondern grundsätzlich unversöhnlich gegenüber. Die evangelischen Länder dachten überhaupt nicht daran, den neuen Papstkalender einzuführen. Man war aus verschiedenen Gründen dagegen, vor allem aber seiner Herkunft wegen. Es konnte nicht anständig sein, das Werk eines katholischen Papstes anzunehmen und danach zu leben. Die Gegenseite wetterte, weil *der gemeine lutherische und ketzerische Haufen, die lutherischen Naseweise, das ketzerische*

Geschmeiß die Notwendigkeit der Kalenderreform nicht einsah. Vernünftige Stimmen sagten, *wenn doch nur jemand anderes die Kalenderreform verordnet hätte …*

Der Streit mag in den deutschen Ländern, in denen eine einzige Religion herrschte, vielleicht noch unproblematisch gewesen sein. Erfurt jedoch war eine konfessionell geteilte Stadt. In ihrer Mehrheit hatte sie sich mit Begeisterung der Reformation angeschlossen. Ein Teil der Bürgerschaft aber war beim alten Glauben geblieben. Auch die dem Erzbischof unterstehenden Stiftskirchen und die Klöster. Nach stürmischen Jahren war ein Nebeneinander der beiden Konfessionen entstanden. Aus Sorge, dass die erreichte Glaubensfreiheit für die Protestanten vielleicht wieder eingeschränkt werden würde, strebte der Erfurter Rat nach Zusicherungen des Erzbischofs von Mainz. Der wiederum hatte Sorge, dass die Protestanten weitere katholische Kirchen übernehmen würden. Deshalb schien es vernünftig, sich zu vereinbaren und den erreichten Zustand festzuschreiben. Man traf sich 1530 im neutralen fränkischen Hammelburg und verabredete, das Faktische vorläufig zu akzeptieren und daran nichts zu verändern. Relativ unbeachtet wurde hier das erste Mal ein Vertrag über die gegenseitige konfessionelle Duldung geschlossen, wie sie erst sehr viel später die Regel werden sollte. In Erfurt hat sich der Bestand an evangelischen und katholischen Kirchen seitdem nicht mehr wesentlich verändert. Streitigkeiten zwischen den Konfessionen gab es aber auch in Erfurt noch lange. Hier prallten sie direkt aufeinander, zum Beispiel im Kalenderstreit.

Der Erzbischof von Mainz plante, die Kalenderreform in seinen Gebieten im November 1583 durchzuführen. Dem 25. November sollte sofort der 6. Dezember 1583 folgen. Für die mehrheitlich evangelische Stadt Erfurt kam es nicht in Betracht, der Aufforderung des Erzbischofs zu folgen und den neuen Kalender anzunehmen. Auch, weil sämtliche benachbarten thüringischen Territorien, mit denen man in wirtschaftlicher Beziehung stand, dem alten Kalender folgten. Man wandte sich an den Erzbischof mit der Bitte, für Erfurt von der Kalenderreform abzusehen, erreichte aber nichts. Deshalb waren in der Stadt fortan zwei Kalender gültig: die Katholiken richteten sich nach dem neuen, die Protestanten nach dem alten. Am ersten Tag der neuen Zeitrechnung schrieb man in Erfurt sowohl den 26. November als auch den 6. Dezember 1583. Die doppelte Datierung von Dokumenten wurde ein Merkmal dieser Zeit. In den gedruckten Kalendern fand man ein universelles Kalendarium mit beiden Datumsangaben zu einem Tag. Wie sonst sollte miteinander kommuniziert werden?

1664, als die Stadt Erfurt die kurmainzische Landesherrschaft wieder in vollem Umfang annehmen musste, änderte man in der Kalenderfrage nichts. Der Erzbischof hatte den evangelischen Erfurtern Religionsfreiheit zugesichert, und das Festhalten am alten, am eigenen Kalender wurde als ein wichtiger Teil dieser Freiheit gesehen.
Erst im Jahre 1700, nach fast 120 Jahren,verkündete man von den Kanzeln der evangelischen Kirchen Erfurt die Einführung eines neuen Kalenders. Nicht der gregorianische, sondern ein sogenannter *verbesserter* Kalender wurde angenommen. Auch wenn sich beide Kalender äußerlich nicht unterschieden, so machte es erst die neue Bezeichnung den Protestanten möglich, die Kalenderreform auch für ihre Länder zu beschließen. Die Tage zwischen dem 18. Februar und dem 1. März 1700 wurden *überhupft* und der Kalenderstreit war im Wesentlichen beendet.

Im Wesentlichen – denn 1724 stimmten die Termine einiger kirchlicher Festtage im katholischen und evangelischen Kalender wieder nicht überein. In Erfurt war man nicht willens, sich auf gemeinsame Feiertagstermine für Ostern, Himmelfahrt und Pfingsten zu einigen. Und nun konnte man noch einmal erfahren, was es bedeutet hatte, 120 Jahre lang mit zwei verschiedenen Kalendersystemen zu leben. Welch ein Regelungsbedarf nötig war, um den gemeinsamen Alltag sinnvoll und reibungsarm zu gestalten: Öffnungszeiten der Ämter, Schulferien, Markttermine ... Und welche Möglichkeiten sich allein aus den versetzten Feiertagen ergaben, den Konfessionsgegner herauszufordern und zu ärgern. Man konnte den Gottesdienst der Andersgläubigen durch eigene Geschäftigkeit stören. Man konnte die Andersgläubigen absichtlich zur Arbeit verpflichten, obwohl oder gerade weil sie Feiertag hatten. Oder man konnte sie wegen Störung der eigenen Feiertagsruhe bestrafen, indem man zum Beispiel der alten Nachbarin das Spinnrad wegnahm, an dem sie gesessen hatte ... Es erstaunt, mit welcher Unversöhnlichkeit man sich 200 Jahre nach der Reformation und fast 150 Jahre nach der Kalenderreform immer noch gegenüberstand.

Die Feiertage des Jahres 1724 seien ein Freudenfest für den Teufel gewesen, weil nichts als Hass, Misstrauen und Bitterkeit in den Herzen beiderlei Religionsangehöriger war, schätzten auch die Mitglieder des Erfurter Rates im Nachhinein ein. Sie plädierten leidenschaftlich dafür, über Kalenderfragen nun nicht weiter zu streiten und die Feiertage nur noch gemeinsam und in Ruhe und Frieden zu zelebrieren.

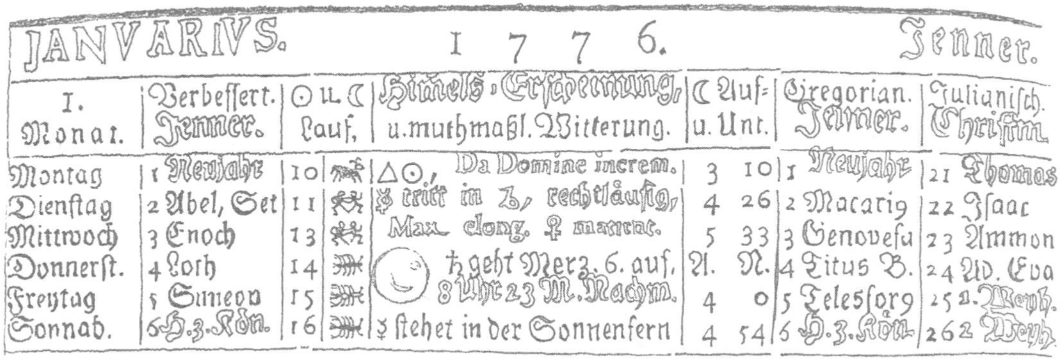

JANVARIVS. 1776. Jenner.

I. Monat.	Verbessert. Jenner.	☉ u. ☾ Lauf,		Himels-Erscheinung, u. muthmaßl. Witterung.	☾ Auf- u. Unt.		Gregorian. Jenner.	Julianisch. Christm.
Montag	1 Neujahr	10		△☉, Da Domine increm.	3	10	1 Neujahr	21 Thomas
Dienstag	2 Abel, Set	11		☿ tritt in ♑, rechtläufig,	4	26	2 Macarius	22 Isaac
Mittwoch	3 Enoch	13		Max. elong. ♀ matutin.	5	33	3 Genovefa	23 Ammon
Donnerst.	4 Loth	14		♄ geht Merz. 6. auf,	A.	N.	4 Titus B.	24 Ad. Eva
Freytag	5 Simeon	15		8 Uhr 23 M. Nachm.	4	0	5 Telesforus	25 1. Weyh.
Sonnab.	6 H. 3. Kön.	16		☿ stehet in der Sonnenfern	4	54	6 H. 3. Kön.	26 2. Weyh.

Seite aus dem verbesserten Kalender von 1776

VOM FESTUNGBAUEN

Kopie einer Zeichnung der Zitadelle Petersberg von 1706

Seit über 1.000 Jahren wird auf dem Petersberg gebaut. Seit über 1.000 Jahren verändert der Petersberg immer wieder sein Gesicht. Der Bau, der den Petersberg bis heute am wesentlichsten verändert hat, entstand ab 1665, als der Erzbischof und Kurfürst von Mainz dort eine Festung errichten ließ.

Jahrhundertelang hatte die Stadt Erfurt es verstanden und vermocht, ihren Stadtherrn auf Abstand zu halten und sehr selbstständig und frei zu agieren. Nach dem Dreißigjährigen Krieg aber begann Mainz, seine landesherrlichen Rechte konsequent einzufordern, am Ende mit militärischer Gewalt. Nachdem die Stadt Erfurt im Oktober 1664 vor dem Mainzer Erzbischof Johann Philipp von Schönborn kapituliert hatte, musste sie ihre faktische Souveränität aufgeben und Teil des Erzbistums Mainz werden. Ein halbes Jahr später wurde der Grundstein für den Bau einer Zitadelle auf dem Petersberg gelegt. Man wollte die nun endlich in die Landesherrschaft eingegliederte Stadt Erfurt militärisch sichern. Im 17. Jahrhundert galt der Bau einer Festung dafür als das Mittel der Wahl. Überall wurden Festungen gebaut. Auch in Mainz selbst entstand gerade eine solche. Bei Erfurt kam hinzu, dass es weit abgelegen war vom Kernland des Erzbistums Mainz und in greifbarer Nähe für die politische und militärische Konkurrenz. Jahrhundertelang schon hatte sich Kurmainz mit den thüringischen Herrschern um die Macht über Erfurt streiten müssen. Dagegen wollte man nun gewappnet sein.

Festungsbau war aufwendig, teuer und immer ein Bauen gegen die Zeit. Die rasche Entwicklung der Angriffswaffen machte eine dauernde Verbesserung der Befestigungen notwendig. 1706 – die abgebildete Bestands- und Planungszeichnung zeigt den Petersberg im Jahre 1706 – plante man gerade eine Verstärkung der Festung. Einmal ging die meterhohe Festungsmauer schon um den Petersberg herum. 40 Jahre lang hatte man

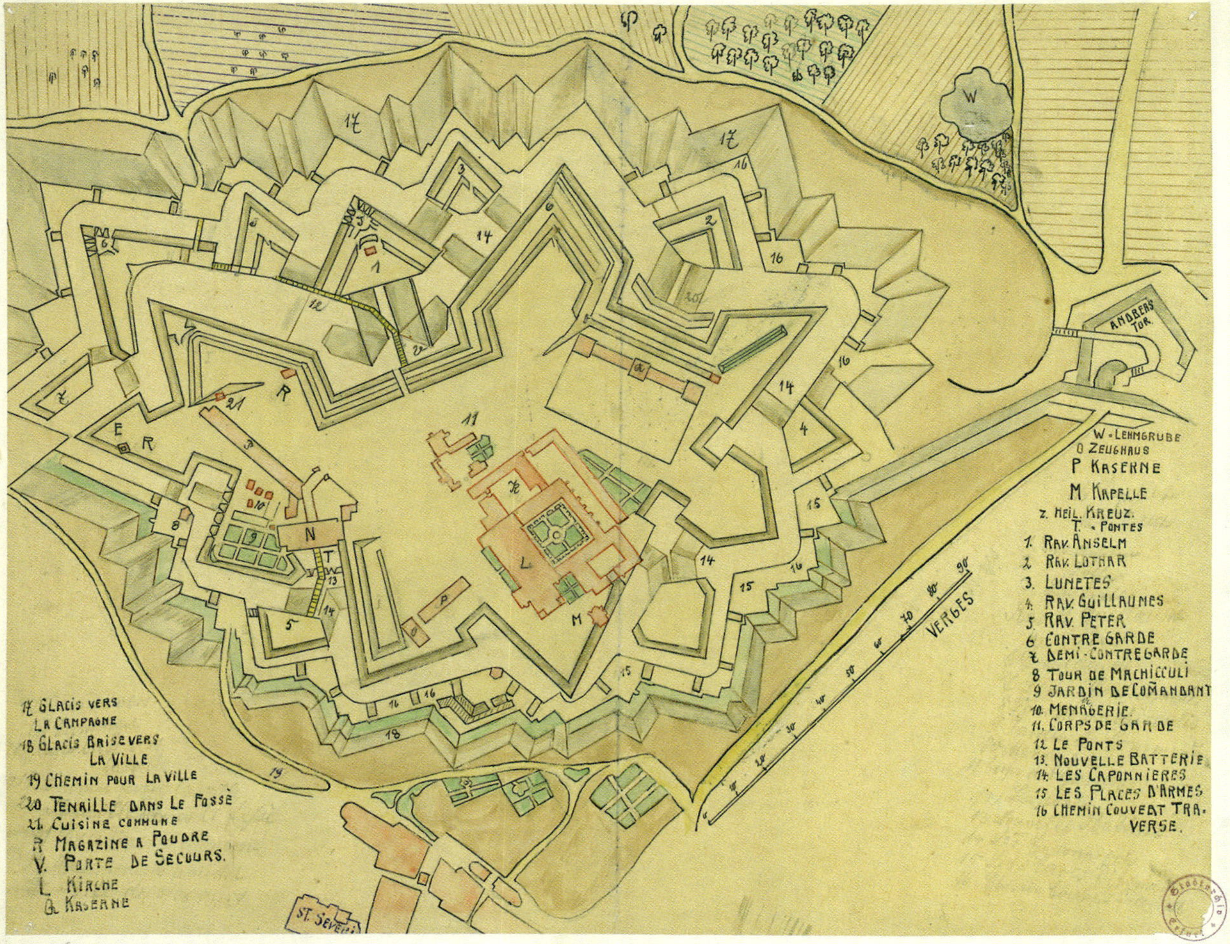

CITADELLE PETERSBERG. 1706 COPIE NACH EINEM ORIGINALE IM STAATS-ARCHIVE MAGDEBURG.

(Sammelband)

daran gebaut. Nun wurde ein zweiter Befestigungsring geplant. 1708 war der Bau bereits in vollem Gange. Die Erfurter beobachteten, dass rings um die Zitadelle die Erde aufgeworfen und riesige Gräben gezogen wurden. *Wozu es dienen oder nutzen wird, davon werden erst die Nachkommen zu sagen wissen*, vermuteten sie. Und tatsächlich dauerte es noch weitere 20 Jahre, bis die Festung vollständig fertig war.
Für die Stadt Erfurt bedeutete der Festungsbau Fluch und Segen. Der Bau der Festung war teuer. Teile des Geldes stammten aus dem Haushalt der Stadt und aus bürgerlichen Steuern. Frondienste waren zu leisten, vor allem von den Bauern des Landgebiets, das nun auch zu Mainz gehörte. Aber nicht wenigen Erfurtern gab der Bau Arbeit und Verdienst. Auch den kurmainzischen Erbauern hat der Bau der Zitadelle ungeheure Kosten verursacht, genau wie ihre Erhaltung. Zur Verteidigung genutzt haben sie die Festung jedoch kaum. Erst die Franzosen verschanzten sich auf dem Petersberg, als sie nach der Völkerschlacht bei Leipzig 1813 nach Erfurt flohen.

Im Verlauf des 19. Jahrhunderts blieb der Petersberg eine mit Soldaten besetzte Festung und wurde sogar ausgebaut, denn die deutschen Staaten griffen sich weiterhin untereinander an. Das letzte Mal 1866. Die Erfurter Festung spielte dabei eine Rolle. Deshalb war es nicht nur von symbolischem Wert, dass nach der Vereinigung der deutschen Länder zu einem Reich im Jahre 1871 Festungen *geschleift* (abgerissen) wurden. Auch Teile der Erfurter Zitadelle wurden damals abgebrochen und die Festung geöffnet. Erstmals wurden öffentliche Wege zur Festung hinauf angelegt. Die Armee aber blieb noch lange auf dem Petersberg, bis 1963.

Ab 1990 wurde auf dem Petersberg wieder heftig gebaut. Die alte verfallene Zitadelle erstand auf beeindruckende Weise neu – als ein Denkmal der Militärbaukunst des 17. Jahrhunderts und als ein wunderbarer Teil der Stadt. Aber man baute auch neu. Auf einer Fläche, auf der die Festungsmauern nicht wieder errichtet worden sind, entstand das Gebäude des Bundesarbeitsgerichts. Auch zukünftiges Bauen auf dem Petersberg ist bereits geplant. Wie wird die Bundesgartenschau 2021 den Petersberg verändern?

Johann Just Brandt als Viertels Diener (wahr) gekleidet

Anno 1716 den 1. Majus.

4 Habe deine Lust am Herren, der wird dir geben, was dein Hertz wün=schet.

Aber du Herr bist der Schild für mich, der mich zu Ehren setzt, und mein Häu=pt auffrichtet. Auff Herr, und Hilff mir, mein Gott, denn du schlägest alle meine Feinde auff den Backen, und zerschmetterst der Gottlosen Zähne.

Johann Just Brandt, als Viertels Dierner, ward gekleidet Anno 1722 den 1. Maji

Dinge lebt und schau auch Gottes Segen [illegible] das deine nun gelern und [illegible] des Himmels reichen Segen [illegible] die werden nun, denn welcher sein [illegible] auf Gott [illegible] verlassen, [illegible] [illegible]

HOPFEN UND MALZ

Erfurter Bierausrufer im Buch der Walpurgisherren (1716 und 1722)

Jedes Jahr am Walpurgistag (1. Mai) wurden die Bierausrufer der Stadtviertel von Kopf bis Fuß neu eingekleidet. Ab und an wurden sie in ihrer neuen Montur in das Register der Biereigenvorstände, der sogenannten Walpurgisherren, gemalt. So auch der abgebildete Johann Just Brandt. Er hat das Amt des Bierausrufers lange bekleidet und ist deshalb mehrfach gemalt worden – in seinem neuen Kostüm, das jedes Jahr nach der neuesten Mode gemacht wurde. 1722 ganz im französischen Stil: eine eng anliegende rote Weste, ein auf Taille geschnittener grasgrüner Gehrock mit tief aufgesetzten gebogenen Taschen und pompösen Ärmelaufschlägen. Heraus schauen die gerüschten Spitzenärmel des Hemdes und die Krawatte. Dazu eine Kniehose, lange Strümpfe, Absatzschuhe und ein Dreispitz mit breiter Krempe. Für schlechtes Wetter der gefütterte Umhang mit dem großen Kragen. Diese Uniform war sicher auffällig. Aber das sollte sie auch sein. Johann Just Brandt war ein Werber. Seine Aufgabe war es, für die Biereigen aus zwei Stadtvierteln (Johannes und Viti) Bier auszurufen. Er ging also und rief aus, wer Bier gerade gebraut hatte, wo es im Ausschank war und was es kostete. Warum war das nötig?

In Erfurt war das Bierbrauen über Jahrhunderte kein Handwerk, sondern eine Haus- und Personengerechtigkeit. Man musste Biereige sein, also das Braurecht und einen Biereigenhof besitzen – dann durfte man Bier brauen. So weit wie die schriftliche Erinnerung der Stadt zurückreicht, so lange gibt es die Biereigen schon. Die ältesten Quellen berichten über ihren Beitrag zur Stadtverteidigung. Die Biereigen hatten im Gefahrenfall in voller Rüstung zu erscheinen und für die Stadt zu kämpfen. Vielleicht war ihnen dafür irgendwann das lukrative Bierbrauprivileg verliehen worden.
Bier war über lange Zeit ein wichtiges und wirkliches Grundnahrungsmittel. Es wurde in großen Mengen hergestellt und getrunken. Das Biereigenrecht versprach also ein sicheres Einkommen. Zeitweise gab es über 300 Berechtigte. Damit es zwischen ihnen keinen

Streit gab und damit das Bierangebot überall in der Stadt zu jeder Zeit garantiert war, mussten sich die Biereigen einem Reglement unterwerfen. Ebenso wie andere Lebensmittelerzeuger. Das behielt sich der Erfurter Rat vor, um eine stabile Versorgung mit Lebensmitteln für die Stadt zu erreichen. Auch die Preise waren festgelegt.
Das Reglement für die Biereigen bestimmte per Losentscheid, wann welcher Biereige sein Quantum Bier für den Verkauf brauen und ausschenken durfte. Die städtischen Brauordnungen berichten, dass dieses Quantum etwa 1.500 Liter Bier betrug. Jeder Biereige kam ein- oder zweimal im Jahr an die Reihe, und in jedem der vier Stadtviertel waren jederzeit ein oder zwei Biere *offen*, wie man sagte. Wo genau gerade Bier verkauft wurde, das riefen Johann Just Brandt und seine Kollegen Tag für Tag aus. Außerdem gab es ein optisches Signal am Haus des ausschenkenden Biereigenhofes. In einem Loch neben dem Portal steckte der Bierwisch. Lange Zeit war das ein Büschel Stroh gewesen. Zur Zeit Brandts aber hing dort eine Fahne.

Einer der interessantesten Biereigen im Johannesviertel, für den Johann Just Brandt Bier ausrief, war ohne Zweifel Ernst Christoph Barchewitz. Barchewitz ließ sich 1722 in Erfurt nieder, heiratete eine Frau, die den Biereigenhof *Zum Krummen Haus* in der Johannesstraße 2 besaß, erwarb das Biereigenrecht und begann zu brauen.
Vielleicht schaute Brandt sogar einmal zum Zechsetzen, also auf ein Bier, bei Barchewitz vorbei, denn der wusste zu erzählen. Er hatte die Welt gesehen. Er war mit der Niederländischen Ostindien-Kompanie als Soldat nach Indonesien gefahren. Er kannte Java und einige Inseln der Molukken-Gruppe, die selbst heute noch fast unbekannt sind. Elf Jahre lang war er unterwegs gewesen. Er hatte Malaiisch gelernt und mehrere Jahre auf der Insel Leti nahe Osttimor als Corporal gedient. Seine Aufgabe war es, den Muskathandel zu überwachen. Keine Muskatnuss durfte die Insel verlassen, die nicht an die Niederländer verkauft worden war. Diese hatten das Monopol im Handel mit dem begehrten Gewürz. Vor allem aber beobachtete Barchewitz mit der Neugier, die ihn nach Ostindien getrieben hatte, seine Umgebung. Landschaften, Tiere und Pflanzen ebenso wie die Menschen und ihre Lebensweise. Alles, was er sah und in Erfahrung bringen konnte, nahm er voller Interesse in sich auf. Und nun erzählte er in Erfurt davon. Es dauerte nicht lange, bis Barchewitz das, was er zu erzählen wusste, niederschrieb und eine der interessantesten

und amüsantesten *Ost-Indianischen* Reisebeschreibungen verfasste, die im 18. Jahrhundert erschienen sind.

Mit der preußischen Gewerbefreiheit ab 1814 änderte sich für die Biereigen alles. Brauereien gründeten sich und brauten Bier, wann immer sie wollten und so viel, wie sie verkaufen konnten. Die Biereigen wurden in ihren Privilegien beschnitten. Sie wehrten sich. Sie klagten auf Entschädigung ihrer eingebüßten Rechte. Zumal nicht nur das Brauprivileg verloren gegangen war, sondern auch das des Mälzens. Auf ihren Malzdarren hatten die Erfurter Biereigen über Jahrhunderte nicht nur die Braugerste für die Stadt, sondern für alle Erfurter Dörfer gemälzt. Die Dörfer durften ihr Malz nicht selbst herstellen, sondern unterlagen einem Kaufzwang für das Erfurter Produkt. Die Biereigen erhielten nach langem Streit tatsächlich kleine Abfindungen, spielten jedoch für Brauerei und Mälzerei in der Stadt keine Rolle mehr.

Aber aufgrund des hervorragenden Getreides, das rings um Erfurt wächst, wird Braumalz hier auch heute noch in riesigen Mengen produziert – in den Erfurter Malzwerken. Und auch den Bierausrufern kann man in Erfurt noch begegnen. Allerdings handelt es sich meist um kostümierte Stadtführer.

Bierkrüge, 18. Jahrhundert

Wan Ich Das Schwert thue aufheben
So wünsch ich Dem armen Sünder Das Ewige leben

ZUM HENKER!

Richtschwert des Johann Peter Hirschfeld (1719)

Die Stadt Erfurt besaß ein Richtschwert. Natürlich. Und sie entlohnte jahrhundertelang Scharfrichter für ihre Dienste. Zuverlässig auf Blatt 101 findet man in vielen noch vorhandenen städtischen Rechnungen die Rubrik *Lohn für den Scharfrichter*. Oft ist die Seite leer. Natürlich war in einer Großstadt wie Erfurt auch dann Strafwürdiges vorgefallen, aber es wurden nicht unbedingt immer Leibesstrafen verhängt. Viel häufiger wurden Geldbußen oder Stadtverweise ausgesprochen. In anderen Jahren kam der Scharfrichter, oft als *Nachrichter* (Nach-Richter) bezeichnet, tatsächlich zum Einsatz und vollzog die Körper- und Todesstrafen. Bis zu Beginn des 19. Jahrhunderts ist dies für Erfurt belegt. Mord, Raub, Diebstahl und Notzucht (Vergewaltigung) waren die Fälle, die bei besonderer Schwere und Häufigkeit oder überhaupt mit dem Tod bestraft werden konnten. Nach dem Ende des Mittelalters kamen weitere Delikte hinzu, die die Todesstrafe nach sich zogen, vor allem Kindsmord. Aber auch ein Ehebruch konnte als so kriminell bewertet werden, dass der Henker strafte. Die Chroniken des 16. und 17. Jahrhunderts berichten davon. Zur selben Zeit wurde das Geständnis des Angeklagten Voraussetzung für die Anordnung einer Strafe. Deshalb befragte man die Gefangenen zunächst in Güte und führte ansonsten *peinliche* Befragungen durch. Für diese Torturen war ebenfalls der Scharfrichter zuständig.

Bei der Festlegung der Henkersstrafen unterschied man zwischen *ehrlichen* und *unehrlichen* Missetaten. So wie heute wurde auch damals zwischen Mord und Totschlag unterschieden, und ob in Notwehr gehandelt worden war. Auch Raub und Diebstahl wurden unterschieden. Eigentümlicherweise galt der offene Raub als eine ehrenhaftere Tat als der heimliche Diebstahl, und dementsprechend wurde gestraft. Einer bösen, aber ehrlichen Tat folgte eine ehrliche Strafe: das Köpfen mit dem Schwert. Alle übrigen Strafen galten als entehrend. Auch wenn es sich um die Todesstrafe handelte, war der Unterschied entscheidend. Er bedeutete, dass der Hingerichtete ein christliches Begräbnis in der Stadt erhalten durfte und dass seine Familie nicht in Unehren fiel. Das war durchaus von Bedeutung für das Leben in einer großen, aber doch überschaubar großen Stadt. Ein Erfurter Stadtchronist, der über eine Diebesbande schrieb, entschuldigt seine Zurückhaltung bei der namentlichen Benennung eines Täters damit, dass derjenige vornehme Freunde in der Stadt hätte.

Abhängig von der Fürchterlichkeit der Tat vollzog sich die Fürchterlichkeit der Prozedur, mit der die Täter vom Leben zum Tode gebracht wurden. Es folgte das, was allgemein mit dem Strafvollzug vergangener Jahrhunderte assoziiert wird. Auch in Erfurt geschahen einige Male pro Jahrhundert solche grausamen oder als grausam eingeschätzten Verbrechen, dass sie wirkliche Schreckeninszenierungen bei der Hinrichtung nach sich zogen: zur Richtstätte geschleift werden, mit glühenden Zangen gezwickt werden, gerädert oder verbrannt werden.

Dem Nachrichter oblag nicht nur die Vollziehung der Todesstrafen, sondern auch die Verabreichung von Körperstrafen. Das *Ausstreichen mit Ruten*, die einzige Körperstrafe, für die Scharfrichter nach den Erfurter Rechnungen bezahlt wurden, hinterließ schwere Narben. Abschreckung. Das wollte man seit dem Spätmittelalter erreichen. Aus diesem Grund waren auch die Gerichtsstätten vor den Toren der Stadt an den großen Ausfallstraßen gelegen: Drohung und Abschreckung für Fremde. In Erfurt waren dies unterschiedliche Orte, aber vor allem der Rabenstein an der heutigen Leipziger Straße und der Galgen am Stollberg an der Straße nach Norden, wo bezeugtermaßen viele Diebe endeten. Diebstahl wurde mit dem Galgen bestraft. Schwere Diebstähle waren überhaupt die häufigsten Delikte, die der Henker strafte – vor allem Viehdiebstähle, meist Pferdediebstähle. Die Diebe mussten am Galgen hängen bleiben – allen anderen zur Warnung. Eine gewisse Chance gab es, auf dem Weg zur Richtstätte oder noch unter dem Galgen begnadigt zu werden. In den Chroniken wird auch davon berichtet. Der Nachrichter gab den Umstehenden die Möglichkeit, den armen Menschen, der Opfer seiner Sündhaftigkeit geworden war und den er zu richten hatte, vom Tod *abzubitten*, ihn zu begnadigen. Und das kam vor. Gnade vor Recht.

Die Hinrichtung mit dem Schwert galt als ehrliche Strafe. Kunstvoll, repräsentativ, fast würdig gestaltet ist das Richtschwert – das Rechtssymbol dieser Rechtsprechung. Es ist so schwer, dass es mit beiden Händen gefasst und bewegt werden musste. Seltsamerweise galt der, der das Schwert handhabte, als unehrenhaft, als unehrlich. Warum? Gerade im Handwerk, in den traditionsreichen Zünften, war diese Ansicht im 17. und 18. Jahrhundert weit verbreitet. Als unehrlich galten unter anderem diejenigen, die irgendetwas mit Entsorgen von toten Körpern, vor allem von krankem Vieh, zu tun hatten, selbst Schäfer. Da der Nachrichter sehr oft die Verantwortung für die *Wasenmeisterei* und bzw. den *Tiergarten* hatte, gehörte er schon allein deshalb dazu. Wir würden heute sagen, er war verantwortlich für die Tierkörperbeseitigungsanstalt. Aber nicht nur die Verwertung und Entsorgung verendeter Tiere war sein Geschäft, sondern auch die Feststellung von Erkrankungen in Viehbeständen. War man sich unsicher, ob eine Seuche ausgebrochen war, rief man die Knechte des Henkers oder diesen selbst. Sie untersuchten sowohl das lebendige als auch das tote Tier. Offenbar waren sie in der Tiermedizin kundig.

Die Erfurter Wasenmeisterei lag am Rande der Stadt in der Herrenbreitengasse 4. Ein großer Hof mit zahlreichen Gebäuden, hoch versteuert. Dort wohnten die Erfurter Scharfrichter auch. Sicher gaben sie Wohngrundstück und Wasenmeisterei einander weiter. Die sozialen Kontakte unter den Familien der Nachrichter waren eng. Wer sonst wollte mit ihnen zu tun haben? Nicht einmal begraben mochte man ihresgleichen. Henker heirateten Henkerstöchter, und die Söhne lernten oftmals aus Mangel an Alternativen – sie wurden in anderen Berufen abgelehnt – den Beruf des Vaters. Nicht unbedingt war damit eine schlechte ökonomische Situation verbunden. Die Stadt brauchte den Nachrichter.

Das Richtschwert trägt einen Namen und eine Jahreszahl: Johann Peter Hirschfeld, 1719. Er ist 1724 erstmals in Erfurt nachweisbar. 30 Jahre lang versah er das Amt des Erfurter Scharfrichters. Sein Schwert ist mit einem Spruch versehen: *Wan Ich Das Schwert thue aufheben / so wünsch ich Dem Armen Sünder Das Ewige Leben.* Mit diesem versöhnenden Wunsch für den Gerichteten war es Johann Peter Hirschfeld sehr ernst.

WAIDBLAU – EINE ERFURTER FARBE

Einbände von Rechnungen (18. Jahrhundert)

War es der berühmte Erfurter Waid, mit dem die abgebildeten Einbände blau eingefärbt worden sind? Lässt Waid dieses alte Papier heute immer noch so prächtig leuchten? Nein, es war nicht Waid. Wahrscheinlich war es Indigo. Sehr zum Leidwesen der Erfurter wurde im 18. Jahrhundert beinahe nur noch das importierte Überseeprodukt Indigo und nicht mehr einheimischer Waid zum Blaufärben eingekauft.

Es hatte nichts genützt, die Verwendung von Waid vorzuschreiben und die Verwendung von Indigo zu untersagen. Es hatte auch nichts genützt, die Einfuhr von Indigo zu verbieten. Indigo blieb. Seine Qualität und sein Preis sorgten dafür, dass Preis und Qualität des Waids verfielen. Je billiger der Waid verkauft werden musste, umso weniger lohnte sich der immense Aufwand, den man mit seinem Anbau und seiner Verarbeitung hatte. Die verminderte Zuwendung aber ging zu Lasten der Qualität, was wiederum zum Sinken von Nachfrage und Preis führte. Erfurt hat bereits sehr frühzeitig Erfahrungen mit den Auswirkungen eines globalisierten Handels gemacht.

Eigentlich war der Waidanbau über das Mittelalter hinweg für Thüringen ein Alleinstellungsmerkmal gewesen. Die thüringischen Bauern verstanden sich auf den Anbau dieser Gewerbepflanze und aufgrund der Güte hiesiger Böden war die Qualität des Thüringer Waids unübertroffen. Waidanbau bedeutete moderne Landwirtschaft. Vorher hatte die Fruchtfolge auf den Äckern jahrhundertelang geheißen: Winterfeld mit Roggen oder Weizen, Sommerfeld mit Gerste und schließlich Brache, um den Boden ein Jahr ausruhen zu lassen. Einnahmen hatte man von den Brachflächen nicht. Nun *besömmerte* man die Brache, das heißt man schob zwischen die Getreidearten den Waid ein. Frühzeitig im Jahr gesät, konnte man ihn dreimal ernten. Das war arbeitsintensiv, lohnte sich aber. Die Waidproduktion erfolgte ausschließlich marktorientiert. Die Nachfrage war so groß, dass oft die gesamte Ernte verkauft werden konnte. Eine Einnahme, die es sonst nicht gegeben hätte. Man schaue sich die prächtigen thüringischen Dörfer an.

Wenn die Saat zeitig genug eingebracht worden war, konnten nach Pfingsten bereits die ersten Waidblätter geerntet werden. Vor Ort noch wurden sie zu einem lagerfähigen Halbfertigprodukt, getrockneten Waidbällen, verarbeitet. Die mehrmalige Ernte und die Herstellung der Waidbälle zum Verkauf auf dem Markt waren so arbeitsintensiv, dass die hiesigen Arbeitskräfte gar nicht ausreichten. Saisonkräfte aus der sorbischen Niederlausitz verdingten sich regelmäßig zur Waidernte.
Nach der letzten Ernte ließ man den Waid, den man für Samen brauchte, bis zur Blüte im darauffolgenden Frühjahr stehen. Und weil die ganze Landschaft auf die einträgliche Gewerbepflanze Waid spezialisiert war, wird es in Mittelthüringen bis in das 17. Jahrhundert hinein sicher intensiv gelb geblüht haben – ähnlich wie heute.
Der größte Waidmarkt in Thüringen fand in Erfurt statt. Er begann nach Pfingsten und wurde bis zum Ende der Erntesaison im September fast täglich abgehalten. Hier kauften Erfurter Waidhändler die getrockneten Waidbälle, um sie zu einem Fertigprodukt zu veredeln. In ihrem Interesse gebot der Rat der Stadt den Bauern der Erfurter Dörfer, ihre Waidbälle ausschließlich in Erfurt zu verkaufen. Gleichzeitig verbot er fremden Waidhändlern, hier Ballenwaid zu kaufen. Später weitete der Rat die Waidkaufverbote auch auf nichtvermögende Erfurter aus. Ein solcher Protektionismus war nicht unüblich, und er war verständlich. Konnten doch im Waidhandel Gewinnspannen von 20 Prozent erzielt werden. Da die großen Waidhändlerfamilien im Rat saßen, hatten sie auch keine Schwierigkeiten, ihren Interessen ausreichende Berücksichtigung zu verschaffen.
Die Waidhändler organisierten also die Weiterverarbeitung der Waidbälle zum fertigen Färberwaid. Hier bot sich vielen gering qualifizierten Arbeitskräften Beschäftigung. Die Waidhändler kümmerten sich auch um die Vorbereitung zum Versand. Der fertige Waid musste ja verpackt werden. Davon profitierten andere Gewerke der Stadt, zum Beispiel das Böttcherhandwerk. Zigtausende Fässer wurden im Laufe der Zeit produziert. Und schließlich war der Vertrieb des Färberwaids das Geschäft der Waidhändler. Beauftragte Speditionen übernahmen den Transport zum Kunden, zu einer Messe, zum Zwischenhändler oder gar zu einer Niederlassung Erfurter Waidhändler in anderen großen Städten. Mit wachsenden Geschäftsumfängen schlossen sich die Waidhändler nicht selten zu kapitalkräftigen Handelsgesellschaften zusammen, denn es dauerte oft Jahre, bis Gewinne realisiert wurden. Aber es wurden Gewinne gemacht. 1620 versteuerten 88 Waidhänd-

ler ein Drittel des Gesamtvermögens der Erfurter Bürgerschaft. Sie hatten Häuser gebaut, die der Stadt heute noch zur Zierde gereichen: die Hohe Lilie am Domplatz, der Rote Ochse und der Breite Herd am Fischmarkt, die Renaissancehäuser in der Allerheiligenstraße, der Stockfisch in der Johannesstraße …

Man kann sich die Verzweiflung aller Betroffenen über den Untergang des Inlandprodukts Waid im Verlauf des 17. und 18. Jahrhunderts vorstellen. Und man kann sich vorstellen, mit welcher Emotion das Überseeprodukt Indigo bedacht wurde, das unaufhaltsam den Markt übernahm. Indigo kam aus Asien und Südamerika. Die Britische Ostindien-Kompanie ließ es dort in solchen Mengen produzieren und verschiffen, dass der gesamte Weltmarkt mit diesem blauen Farbstoff versorgt werden konnte. Um den Waidhandel davor zu schützen, versuchte man, Indigo zu verbieten. Vielerorts mussten die Färber schwören, kein Indigo zu verwenden. Aber es nützte nichts. Man versuchte auch argumentativ zu überzeugen: Die Förderung des einheimischen Produkts Waid müsse im Interesse aller sein, damit das Geld im Land zirkuliere und nicht ins Ausland abfließe. Aber es nützte nichts. Indigo blieb. Alle wirtschaftspolitischen Bemühungen konnten den Untergang des Waidsterns nicht aufhalten, der im Mittelalter und in der frühen Neuzeit so hell über Erfurt geleuchtet hatte.

Am Ende des 19. Jahrhunderts sollte es dem Pflanzenfarbstoff Indigo ähnlich ergehen. Er wurde durch ein chemisch hergestelltes Produkt in ganz wenigen Jahren vom Markt verdrängt.

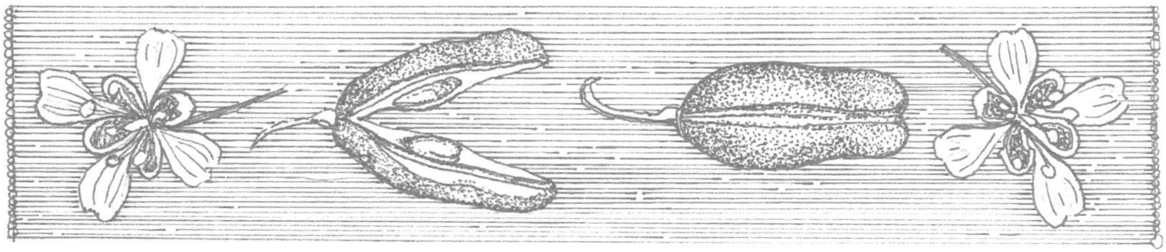

Blüten und Samen der Waidpflanze

KÖNIGLICHER BESUCH

Empiresofa des Hoffmannschen Zimmers (um 1808)

Nicht ein einzelner König war im Oktober 1808 zu Besuch nach Erfurt gekommen. Nein: zwei Kaiser, vier Könige, eine Königin, zwei Prinzessinnen, 34 Fürsten und Prinzen, 24 ihrer Staatsminister und über 30 Generäle hielten sich im Oktober 1808 zu einem Fürstenkongress in Erfurt auf. So konnte man es in der Zeitung lesen, und so konnte man es erleben, wenn einen die Neugier aus dem Haus trieb und man über den Anger ging. Ein Hin und Her von prächtig gekleideten Bediensteten. Edle Pferde. Glänzende Equipagen. Und oftmals die Erhabenen selbst, sogar die Kaiser – der französische Kaiser Napoleon und der russische Zar Alexander. Die beiden sah man oft gemeinsam. In der offenen Kutsche, auf dem Pferd oder bei einer der zahlreichen Vergnügungen, zu denen Öffentlichkeit zugelassen war. Es gab zu sehen und zu staunen. Und über das, was sich dem Auge nicht unmittelbar darbot, informierten die Zeitungen. Sie räumten der gewaltigen Fürstenversammlung viel Platz ein. Es war ja etwas Besonderes, wenn *der große Leiter der europäischen Angelegenheit* – nicht geringer bezeichnete man den französischen Kaiser Napoleon – die Mächtigen der Erde zu einer Verabredung einlud. Von einem solchen Gipfeltreffen musste Großes erwartet werden können.

Was erwarteten die Erfurter von diesem Kongress? Frieden und politische Stabilität. Immerhin war seit mittlerweile 16 Jahren Krieg. Seit 1792 stand das revolutionäre Frankreich mit fast allen europäischen Staaten im Krieg. Und alles, was seit Jahrhunderten politischen Bestand gehabt hatte, schien in den Abgrund dieses Krieges gestürzt zu sein.

Das Erzbistum Mainz, zu dem Erfurt fast 140 Jahre lang gehört hatte, gab es nicht mehr. Wie alle anderen geistlichen Länder war es 1801 auf Initiative Frankreichs aufgelöst und seine Territorien an andere deutsche Staaten verteilt worden. Erfurt und sein Landgebiet waren an Preußen übergegangen. Aber auch Preußen gab es nicht mehr. Doch natürlich,

Preußen bestand noch. Aber es hatte nach einer furchtbaren militärischen Niederlage gegen Frankreich große Gebiete seines Landes abtreten müssen, darunter auch Erfurt. Dieses Festungsstädtchen hatte sich der französische Kaiser Napoleon zu einem eigenen kleinen Fürstentum eingerichtet. Ein Stückchen Frankreich mitten im Deutschen Reich? Nein, auch das Deutsche Reich gab es nach fast 900 Jahren nicht mehr. Ein neuer Staatenbund, der Rheinbund, war entstanden. Er hatte sich unter den Schutz Napoleons gestellt, und die allermeisten deutschen Länder waren ihm beigetreten. Der deutsche Kaiser hatte 1806 die Kaiserkrone ablegen und abdanken müssen.

In dieser Situation lädt Napoleon zum Kongress nach Erfurt ein. Verhandeln will er vor allem mit dem russischen Kaiser. Aber die Fürsten des Rheinbundes sind auch eingeladen, an der Konferenz teilzunehmen.

In Erfurt wird alles dafür vorbereitet. Unterkünfte müssen gesucht werden. Zunächst Räume für den französischen Kaiser, in denen er Audienzen und Empfänge geben, zum Frühstück oder zum Dinner einladen kann. Die ehemalige kurmainzische Statthalterei (heute Thüringer Staatskanzlei) wird für 14 Tage kaiserlicher Palast. Man muss viel richten, bis eine entsprechende Atmosphäre geschaffen ist. Selbst die Tapeten werden aus Paris herbeigeschafft. Das Quartier, das dem russischen Kaiser, Zar Alexander, zur Verfügung gestellt wird, muss eben solchen Anforderungen genügen. Es findet sich ein passendes auf dem Anger. Die übrigen Staatsdelegationen werden in die wenigen Gasthöfe der Stadt, vorwiegend jedoch in bürgerliche Häuser einquartiert. Ein Schlafzimmer und möglichst einen Salon, in dem Besuch empfangen werden konnte, richtete man ein. Das Mobiliar dafür sollte natürlich auch entsprechend gediegen sein. Vieles kam aus Frankreich, anderes wurde in Erfurt gekauft. Wenn man kaufte, dann moderne Möbel im Stile des Herrschers, dem Europa gerade folgte, im Stil des französischen Empire. Edle exotische Materialien, gerade Linien, aus der Antike entlehnte Verzierungen, man denke an Löwenfüße … Eben gerade so, wie das elegante Wohnzimmer, das für den Besuch des Königs Maximilian I. Joseph von Bayern eingerichtet wurde. Er wohnte im Hause des Kaufmanns Hoffmann in der Marktstraße 21 in diesen Möbeln.

Außer den Fürstenwohnungen mussten repräsentative Örtlichkeiten für die Veranstaltungen der Fürstenversammlung hergerichtet werden, zum Beispiel ein Theater. Das Schauspiel gehörte wie das Konzert, die Jagd, das große Dinner und der Ball zum Tagesablauf derartiger Ereignisse. Einen entsprechenden Saal gab es in der Futterstraße. Aber es war allerlei zu tun, bis er so dekoriert war, dass er gefiel. Die Erfurter erkannten ihn kaum wieder, als die Vorstellungen des Pariser Schauspiels Comédie-Française begannen. Im Parterre saßen die gekrönten Häupter Mitteleuropas, aber für den Rang wurden Billetts vergeben. Dort saßen immer etliche Erfurter und genossen das gebotene Schauspiel – das auf der Bühne und das im Parterre.

Für alle Üblichkeiten eines Fürstenkongresses fanden sich im Bürgerstädtchen Erfurt keine Möglichkeiten. Aber die nahe gelegene Residenz Weimar lud zur Jagd ein, zum Dinner und zum Ball. Auch bei diesen Gelegenheiten war Publikum zugelassen. 4.000 Zuschauer verfolgten die Jagd am Ettersberg. Und nicht wenige Interessierte erhaschten einen Blick, als die Herrschaften offene Tafel im Weimarer Schloss hielten. Vor allem die Zeitungskorrespondenten hofften, aus der Sitzordnung der wichtigsten Gäste politische Schlüsse ziehen zu können.

Einen eigentlichen Kongress-Saal schien man nicht zu brauchen. Es gab keine allgemeinen Fürstenversammlungen. Und so gab es auch keine Verlautbarungen, keine Beschlüsse, keine Friedensabreden – nichts, was der Öffentlichkeit mitgeteilt wurde. Überhaupt nichts, was den Erfurter Fürstenkongress als ein wichtiges historisches Ereignis hätte in Erinnerung bleiben lassen. Schon die Zeitgenossen reagierten verwundert und irritiert.

Und dann war auch schon alles zu Ende. Die Kaiser und Könige reisten unter Kanonendonner ab. Die offiziellen Gebäude wurden geräumt und die Dekorationen abgenommen. Selbst die Tapeten in den Räumen Napoleons nahm man wieder mit. Was nicht abtransportiert wurde, verkaufte man. Vielleicht hat der Kaufmann Hoffmann aus der Marktstraße bei dieser Gelegenheit das Wohnzimmer erworben, in dem der bayerische König anlässlich des Fürstenkongresses in seinem Hause residiert hatte. Es ist unverändert erhalten geblieben und erinnert an ein glänzendes, aber ergebnisloses und folgenloses politisches Ereignis. Nicht der erhoffte Frieden, nicht die erhoffte wirtschaftliche und politische Stabilität für Europa waren Thema gewesen. Darum war es dem *großen Leiter der europäischen Angelegenheit* nicht gegangen. Er hatte im Stillen Bündnisverhandlungen mit dem Zaren Alexander führen wollen. Aber wenn diese überhaupt gefruchtet hatten, so war ihnen ein langer Erfolg nicht beschieden. 1812 begann der Krieg gegen Russland. Und sechs Jahre nach dem Fürstenkongress, 1814, war die Zeit des Napoleonischen Fürstentums Erfurt vorbei.

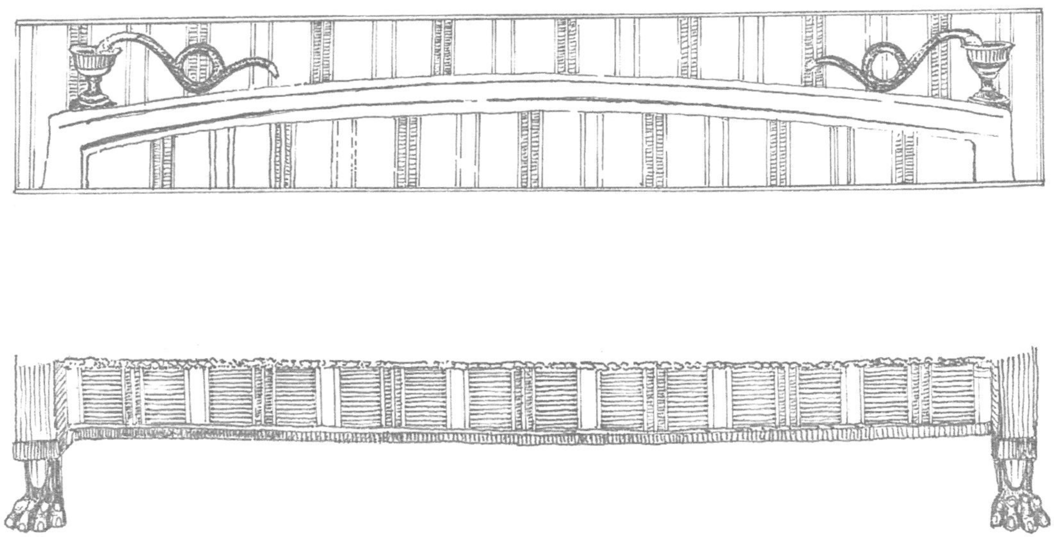

Details eines Empiresofas: Lehne und Löwenfüße

EINE GANZ NORMALE FAMILIE

Daguerreotypie von Marie Regina Siegling (1841–1843)

1839 wird in Frankreich mit der Erfindung der Daguerreotypie die Geburtsstunde der Fotografie gefeiert. Die ersten Fotografien überhaupt! Dazu wurden lichtempfindliche Silberplatten belichtet und entwickelt, koloriert, mit Glas abgedeckt und in ein schützendes Etui verpackt. Diese ersten Fotos sind klein, aber erstaunlich scharf. Vor allem Porträtfotos werden aufgenommen, aber auch erotische Aktfotografien. Nach 1850 stellte man schon keine Daguerreotypien mehr her. Zu teuer, zu aufwendig, zu giftig.

Im Stadtarchiv Erfurt gibt es einige ganz wenige Fotografien dieser ersten Generation. Die Daguerreotypien müssen zwischen 1840 und 1845 hergestellt worden sein. Sie stammen aus dem Nachlass der Familie Siegling, einer ganz normalen Erfurter Familie. Hier ist ihre Geschichte:

1760 wird Blasius Siegling (17.2.1760 – 25.3.1835) als Sohn des Mathematik- und Zeichenlehrers Valentin Siegling geboren. Seine Familie gehört zur geistigen Oberschicht Erfurts. Blasius studiert in Fulda und kehrt anschließend nach Erfurt zurück. Um den Lebensunterhalt für seine Familie zu verdienen, arbeitet Blasius Siegling zeitlebens in mehreren Anstellungen gleichzeitig. Er ist Zeichenlehrer an verschiedenen Schulen. Er lehrt Mathematik an der Universität. Und er ist nicht glücklich, aber dankbar, dass er das Amt des Baumaterialienverwalters bei der kurmainzischen Bauverwaltung versehen darf.

1771 wird seine spätere Ehefrau Anna Regina Schröter (24.3.1771 – 19.1.1848) geboren. Sie wächst im Biereigenhof *Zum Blumenstein* in der Allerheiligenstraße 5 auf. Ihr Vater Johann Zacharias Schröter gehörte zum Bildungsbürgertum der Stadt. Er war Jurist, er hatte Ämter im Rat und war insofern vermögend, dass er umfangeichen Landbesitz, unter anderem Weinberge am Ringelberg, versteuerte.

1789, mit 18 Jahren, heiratet sie den 11 Jahre älteren Blasius Siegling. Der bringt seinen acht Monate alten Sohn Ernst mit in die Ehe. Seine erste Frau war nach der Geburt dieses

Kindes verstorben. Und er besitzt ein Haus und einen Garten in der Augustinerstraße 34. Dort lebt die junge Familie.
1791 wird der erste gemeinsame Sohn Johann Zacharias (13.2.1791 – 31.10.1867) geboren. Später, nach seiner Auswanderung nach Amerika, nach Charleston, South Carolina, wird er sich John nennen. 1792 wird der zweite Sohn Friedrich Wilhelm (7.9.1792 – 1832) geboren. 1794 wird der dritte Sohn Karl Martin Franz (4.6.1794 – 22.8.1857) geboren. In diesem Jahr wird Blasius Siegling nach langen Kämpfen zum ordentlichen Professor an der Erfurter Universität ernannt. Daraufhin bekommt er ein etwas höheres Gehalt. 1795 schreibt Blasius Siegling aus den Erfahrungen seiner Bauverwaltertätigkeit ein Buch über den Hausbau mit Lehmbacksteinen, um damit den Bedarf an Bauholz zu senken. Der Holzbedarf – lange das einzige Bau- und Brennmaterial – stieg auch nach 1795 immer mehr an, ebenso die Holzpreise. Die steigenden Heizkosten entwickelten sich bis zur Revolution 1848 zu einem echten sozialen Problem.
1796 wird die erste Tochter Catharina Johanna (5.6.1796 – 9.6.1867) geboren.
1797 wird der vierte Sohn Johann Rudolph (21.12.1797 – 19.11.1813) geboren.
1799 wird der fünfte Sohn Heinrich Ernst (5.5.1799 – 13.3.1885) geboren.
1800 wird der sechste Sohn August Christian Heinrich (25.8.1800 – 20.10.1863) geboren.
1802 wird der siebente Sohn Karl August (6.3.1802 – 4.12.1825) geboren. Seit 10 Jahren herrscht Krieg mit Frankreich. Nun sind die ersten unmittelbaren Auswirkungen zu spüren. Erfurt wird preußisch. Was wird werden? Die preußische Verwaltung belässt Blasius Siegling glücklicherweise in all seinen Ämtern.
1803 wird die zweite Tochter Ottilie Regina (2.11.1803 – 4.4.1892) geboren.
1805 wird der achte Sohn Johann Bartholomäus Hieronymus (6.2.1805). Er ist bald darauf gestorben. 1807 wird die dritte Tochter Dorothea (6.3.1807 – 20.7.1872) geboren.
Der Krieg hat Erfurt erreicht. Die Stadt ist seit dem Herbst 1806 durch französische Truppen besetzt und gilt als dem Kaiser Napoleon direkt unterstellt. Was wird nun werden? 1808 wird die vierte Tochter Elisabeth Wilhelmine (14.4.1808) geboren. Sie ist bald darauf gestorben. In Erfurt tagt der Fürstenkongress. 1809 wird der neunte Sohn Friedrich Karl August (4.10.1809 – 27.9.1828) geboren. Die französische Verwaltung zahlt den Professoren der Universität und den ehemals kurmainzischen Beamten nahezu keine Gehälter mehr. Blasius Siegling ist fast ohne Einkommen.

1810 wird der zehnte Sohn Hieronymus Siegfried (14.10.1810) geboren. Er ist bald darauf gestorben. Der 13-jährige Bruder Johann fertigt den Sarg an. Blasius Siegling beteiligt sich an einer Petition von 44 Erfurter Bürgern an Kaiser Napoleon, um auf die schier untragbar gewordenen finanziellen Lasten für die Einwohner des Erfurter Gebiets hinzuweisen und Erleichterung zu erbitten. Gefährlich, denn die französische Verwaltung reagiert äußerst ungehalten. Angst und Sorge, dass Blasius Siegling verhaftet werden könnte. 1811 wird der elfte Sohn Johann Karl (3.12.1811 – 28.2.1899) geboren.
Der älteste Sohn Anna Reginas, Johann Zacharias, wandert aus: Frankreich, Niederlande, England, Amerika. Er findet Ausbildung und Arbeit und unterstützt die Eltern finanziell. Vielleicht haben die Eltern ihm sogar zugeredet, fortzugehen. Viele junge Männer aus Erfurt werden in den darauffolgenden Jahren für die französische Armee rekrutiert.
1813 verstirbt Sohn Johann Rudolph mit 16 Jahren während einer militärischen Blockade der Stadt am Nervenfieber (Typhus). Nach der Völkerschlacht bei Leipzig sind Teile der französischen Armee nach Erfurt geflohen und werden von den nachrückenden preußischen Truppen hier monatelang eingeschlossen. Die französischen Soldaten bringen die Krankheit mit. Sie sterben zu Tausenden und stecken auch viele Erfurter tödlich an.
1815 stirbt Ernst Siegling, der Sohn Blasius Sieglings aus erster Ehe (11.1.1789 – 28.6.1815) in Frankreich. Er war in ein freiwilliges Jägerregiment eingetreten und fällt in einem der allerletzten Rückzugsgefechte des französischen Heers nach der Schlacht von Waterloo. 1816 gehört Erfurt seit zwei Jahren wieder zum Königreich Preußen. Die Universität Erfurt wird geschlossen. Blasius Siegling verliert seine dortige Anstellung. In den nächsten Jahren muss er Schulden aufnehmen.
1825 verstirbt Sohn Karl August an einer Quecksilbervergiftung. Er war in der Herstellung von Platinfeuerzeugen beschäftigt und hatte dort Quecksilberdämpfe eingeatmet. 1828 verstirbt Sohn Friedrich Karl August mit 19 Jahren in Charleston am gelben Fieber. Die Beziehungen zwischen dem ausgewanderten Johann Zacharias in Charleston und seiner Familie in Erfurt sind sehr intensiv. Nicht nur Briefe und Bilder gehen hin und her. Johann Zacharias schickt Söhne und Töchter zur Ausbildung nach Europa, und vor allem nach Erfurt. Die ganze Familie besucht die alte Heimat des Vaters mehrfach. Auch die Erfurter reisen nach Charleston. Aber die Eltern Blasius und Anna Regina Siegling haben die Neue Welt nicht gesehen.

1832 verstirbt der Sohn Friedrich Wilhelm mit 40 Jahren an der in Erfurt grassierenden Cholera.
1835 verstirbt der Familienvater und Ehemann Blasius Siegling. Er ist 75 Jahre alt geworden und hinterlässt seiner Familie ein mit Darlehen belastetes Vermögen, aber ein Vermögen, von dem sie gut leben kann. Blasius Siegling setzt allein seine liebe Ehefrau, die stets mit Güte und Zärtlichkeit für ihn dagewesen war, als Erbin ein. Sie sollte später entscheiden können, wie sie das Vermögen weitergibt. Sieglings müssen wohl eine glückliche Ehe geführt haben.
1848 verstirbt Anna Regina Siegling. Sie ist 67 Jahre alt geworden. Sie hat 15 Kinder geboren und 13 Kinder großgezogen. Obwohl einige ihrer Kinder sehr alt geworden sind, beträgt das durchschnittlich erreichte Lebensalter der Kinder nur 45 Jahre.
Anna Regina Siegling ist nicht die Frau, die auf der Daguerreotypie zu sehen ist. Sie kann es nicht sein.

Aber wer ist die junge schlanke Frau auf dem Foto? Sie trägt ein elegantes, weit ausgeschnittenes Kleid mit einem Korsett darunter, wie es zu Beginn der 1840er Jahre in den amerikanischen Südstaaten topmodern gewesen war. Auch das Etui des Fotos verrät, dass es in eben dieser Zeit in Amerika und nicht in Erfurt gemacht worden sein muss. Auf dem Bild zu sehen ist die erste Enkelin, die den Sieglings 1824 in Charleston (South Carolina) geboren wurde: Marie Regina. Sie hat als Pianistin lange in Europa gelebt und ist als amerikanische Komponistin nicht unbekannt. Aber das ist schon eine andere Geschichte …

Zeitgenössisches Schmuckelement

W. CORSEP 43

MAUERDURCHBRUCH

Gothaer Brückenkopf am 2. Mai 1847
Gemälde von Walter Corsep

Man schreibt den 2. Mai 1847. Aufregung herrscht in der Stadt. Zum ersten Mal soll ein Zug nach Gotha fahren – durch einen Tunnel in der Stadtmauer hindurch, am Gothaer Brückenkopf über den Wallgraben und dann auf der nagelneuen Eisenbahnstrecke nach Gotha. Der Bahnhof ist voll von Neugierigen. Aber nicht nur hier stehen die Erfurter. Sie sind auf die Wälle geklettert und sind an die Strecke gepilgert, um sich dieses Ereignis nicht entgehen zu lassen. Winkend und jubelnd begleiten sie den fahnengeschmückten Zug auf seiner Jungfernfahrt. Eine Woche später beginnt der planmäßige Zugverkehr in Richtung Gotha. So konnte man es in der Zeitung lesen und so hat es der Erfurt-Maler Walter Corsep fast 100 Jahre später auf seinem kleinen Gemälde festgehalten.

Die Erfurter hatten allen Grund zu feiern, denn es war lange nicht sicher, dass die für Thüringen geplante Eisenbahnstrecke durch Erfurt führen würde. In einem politisch zersplitterten Gebiet wie Mittelthüringen eine Eisenbahnlinie zu bauen, schien kompliziert und aufwendig. Deshalb war zunächst eine Streckenführung durch das rein preußische Nordthüringen favorisiert worden. Es bedurfte der Anstrengung von vielen Seiten, um eine Änderung zu erwirken und die Trasse zu bauen, die uns heute selbstverständlich und nicht anders vorstellbar scheint: Halle/Leipzig – Naumburg – Erfurt – Eisenach – Gerstungen. Der damalige Bürgermeister der Stadt Erfurt, Karl Friedrich Wagner, und der Stadtrat Karl Herrmann bemühten sich mehrere Jahre lang heftig um diese Linienführung, damit Erfurt Anschluss an eine Hauptstrecke der Eisenbahn erhält. Mit Hilfe des Ökonomen Friedrich List argumentierten sie, dass es wirtschaftlich sinnvoll sei, bei der Planung neuer Transportwege vom Verlauf der alten Handelsstraßen auszugehen und das neue Transportmittel Eisenbahn dort fahren zu lassen, wo seit Jahrhunderten Menschen- und Warenströme geflossen waren: entlang der uralten Ost-West-Straße via regia, die durch Erfurt lief. Sie hatten Erfolg.

Auch in der preußischen Festungsstadt Erfurt selbst schien es schwierig zu sein, Eisenbahnstrecke und Zugverkehr zu integrieren. Die mittelalterlichen Stadtmauern waren mittlerweile zu hohen Wällen erweitert worden. Man kann es auf dem Bild sehen, und in manchen Straßennamen klingt die Erinnerung daran noch nach: Löberwallgraben, Moritzwallstraße. Die Stadt konnte nur durch stark befestigte Stadttore betreten oder befahren werden, und die Toröffnungszeiten waren 1847 auf die Tagesstunden begrenzt. Für eine Eisenbahnstrecke mit einem Bahnhof innerhalb der Stadtmauern mussten zwei Tunnel in dieses Verteidigungssystem gebrochen werden. Problematisch. Die Lösung sah so aus, dass man die beiden Tunnel mit Toren versah, die nach jeder Durchfahrt wieder verschlossen wurden. Mindestens sechsmal am Tag, denn schon 1847 fuhren täglich zwei Personenzüge und ein Güterzug in jede Richtung.
Der Betrieb der Thüringer Eisenbahn wurde schnell ein Erfolg. Schon im ersten Jahr registrierte man fast 700.000 Fahrten auf der Strecke Halle – Eisenach. 1849 hatte sich das Eisenbahnnetz so entwickelt, das man alle großen deutschen Städte mit dem Zug erreichen konnte. Der Güterverkehr entwickelte sich rasant. Und Erfurt profitierte sehr von der Lage an einer wichtigen Bahnstrecke quer durch Deutschland.
Ohnehin konnte die seit 1802 preußische Stadt Erfurt im 19. Jahrhundert wieder eine zentralere Rolle spielen als im 17. und 18. Jahrhundert, als sie nur eine kleine kurmainzische Exklave ohne Funktion war. Erfurt lag zwar nicht im Kerngebiet des preußischen Königreichs, wurde aber die Hauptstadt eines Regierungsbezirks aller preußischen Gebiete in Thüringen. Die Verwaltung für diesen Regierungsbezirk siedelte man in Erfurt an. Mit der Eisenbahn kamen weitere Institutionen hinzu. Die Direktion der Thüringer Eisenbahngesellschaft legte ihren Sitz nach Erfurt. Die Post, die mit der Eisenbahn einen ungeheuren Aufschwung nahm, richtete in Erfurt eine große Dienststelle ein. Eng verbunden damit das Telegraphenamt. (Die Telegraphie sollte zunächst nur die für den Bahnverkehr nötigen Informationen vermitteln. Deshalb zog man die Leitungen entlang der Gleise. Aber es entwickelte sich daraus schnell ein universelles Nachrichtensystem.) Große Eisenbahnwerkstätten entstanden und zahlreiche Industriebetriebe. Der Stadtraum wurde knapp. Aber Erfurt war Festungsstadt und konnte sich nur innerhalb der mittelalterlichen Ummauerung bzw. der Stadtwälle entwickeln. Außerhalb der Wälle durfte nicht gebaut werden, damit Angreifer in unmittelbarer Nähe der Stadt keine Verstecke

fanden. Eine Ausdehnung der Stadt war nicht möglich. Lange Zeit war das auch nicht nötig. Aber ab 1850, mit schnell steigenden Bevölkerungszahlen und einer wachsenden Industrie, gab es Bedarf. Erst nach der Reichseinigung 1871 konnte die Stadt sich ihrer Befestigung entledigen. Und das tat sie. Man beräumte die Wälle und brach Mauern und Tore ab. Wir bedauern heute sicher, dass die bis dahin vollständige Stadtmauer fast restlos beseitigt wurde.

An einer Stelle der Stadt kann man die Wälle der Stadtbefestigung heute noch erleben. Zusammen mit dem Bau eines neuen Bahnhofes in den 1890er Jahren wurde das alte Gleisbett verlegt. Seitdem werden die Schienen erhöht in den Bahnhof hineingeführt – auf dem Stumpf des alten Festungswalls. Der ICE rollt heute also auf der alten Stadtbefestigung nach Erfurt hinein und nicht mehr durch sie hindurch.

Und wenn der ICE am Ende des Jahres 2017 das erste Mal auf der neuen Trasse von Erfurt nach München rollt, dann ist der älteste Eisenbahnnetzplan für Mitteldeutschland aus dem Jahre 1828 Realität geworden. Der bereits erwähnte Friedrich List (1789–1846) hat ihn erdacht und vorgeschlagen. Er hatte nicht nur die Ost-West-Verbindung entlang der uralten Straße via regia geplant, sondern auch eine Nord-Süd-Verbindung nach Nürnberg und München, die dem Verlauf der alten Nürnberger Handelsstraße folgen sollte. Die Kreuzung der beiden Strecken sollte – so wie die Kreuzung der beiden historischen Straßen – in der Nähe Erfurts liegen, wo bereits seit Jahrhunderten Menschen- und Warenströme geflossen waren.

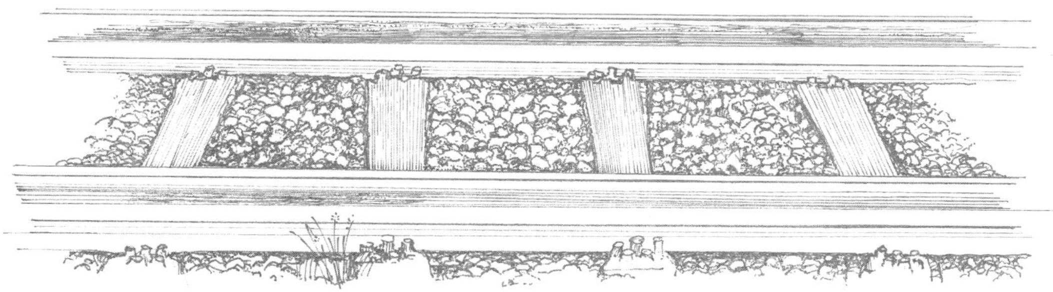

Eisenbahn: meinte anfänglich nur den Fahrgrund

ASIEN
von
E. von SYDOW.
GOTHA. JUSTUS PERTHES.

EIN ERFURTER ERFINDER

Schulwandkarte Asien (1854)

Jeder weiß, in welchen Farben Gebirge, Tiefland und Wasser auf einer geografischen Karte dargestellt sind. Jeder weiß, dass man dank dieser Farben sehr schnell eine Vorstellung vom Profil der abgebildeten Landschaft gewinnt. Aber weiß auch jeder, wo dieses Farbsystem erfunden wurde? In Erfurt! Es ist Zeit, etwas darüber zu erfahren.

Der Erfinder der sogenannten Regionalfarben war Emil von Sydow (1812–1873). Er war Lehrer an der preußischen Divisionsschule in Erfurt. Die Schule gehörte zur 8. Division der preußischen Armee, deren zentrale Einrichtungen in Erfurt stationiert waren. Sie diente der Ausbildung von Offiziersanwärtern und befand sich auf dem Gelände des ehemaligen Schottenklosters in der Schottenstraße – dort, wo heute die Volkshochschule untergebracht ist.

Emil von Sydow war ein guter Lehrer. Besonders die Militärgeografie unterrichtete er mit Hingabe. Aber er war eigentlich kein Geograf. Er hatte, so wie viele Sydows vor ihm, die Militärlaufbahn eingeschlagen. Schon mit 15 Jahren war er als Hospitant in die Armee eingetreten. Dafür hatte er das Gymnasium verlassen. Viel dringender als die Reifeprüfung in alten Sprachen war ihm der Wunsch, die Divisionsschule besuchen zu können. Sechs Jahre später, nach erfolgreich abgelegter Offiziersprüfung, stand er in „seiner" Erfurter Divisionsschule selbst vor der Klasse. Weil er aus Interesse umfängliche Studien zur Geografie betrieben hatte, unterrichtete er dieses Fach. Bei seiner Lehrtätigkeit spürte er schnell einen Mangel an Unterrichtsmaterialien, mit denen er die Geografie anschaulich unterrichten konnte. Natürlich gab es Landkarten. Es gab hervorragende in Kupfer gestochene Landkarten, die jedes Detail genau abbildeten. Und es gab auch bereits Schulatlanten. Was Emil von Sydow wollte, waren große Wandkarten, auf denen wesentliche Merkmale eines Terrains oder eines Territoriums anschaulich und für eine ganze Klasse sichtbar dargestellt waren. Aus demselben Grund sollten diese Wandkarten übersichtlich gestaltet sein und sich auf wesentliche Einzeichnungen beschränken. Reduktion der Information zugunsten Klarheit und Fernwirkung. Zunächst arbeitete er mit Tafelbildern und selbst gezeichneten Karten. Dann wandte er sich an den renommierten Kartenverlag Justus Perthes in Gotha, dessen Schulatlanten er kannte. In Zusammenarbeit mit dem Verlag entstand 1838 die allererste gedruckte Schulwandkarte, die seine Anforderungen erfüllte. Sie zeigte den Erdteil Asien.

Das ganz Besondere an Sydows Wandkarten waren die Farben. Emil von Sydow hatte ein Prinzip entwickelt, das uns heute selbstverständlich und von jeher dagewesen scheint. Aber er hat es erdacht: die Stufen des vertikalen Aufbaus der Erdoberfläche durch verschiedene Farbtöne darzustellen. Er übertrug Profil und Struktur einer Landschaft in ein Farbschema. Mit einer Farbskala von grün über gelb zu braun unterschied er Tiefland und Gebirge voneinander und beschrieb ihre Höhen. Gewässer wurden blau eingefärbt. In schwarz erschienen alle Beschriftungen und Symbole. Sydow wollte, dass die Karten durch ihre Farbigkeit den Eindruck eines natürlichen, wie von oben gesehenen Abbildes der Erdoberfläche vermitteln. Und er hoffte, dass es dem Betrachter eines solchen Bildes leicht fallen würde, wesentliche Eigenschaften der Landschaft schnell zu erfassen und dauerhaft zu speichern. Das war neu, das überzeugte. Und es war so genial, dass man seither keine gravierenden Änderungen an diesem Farbsystem vorgenommen hat. Seit 1838 findet es immer gleiche Anwendung. Deshalb ist jedem Betrachter einer farbigen Karte sofort klar, dass braune Farben Gebirge anzeigen und mit grünen Farben eher die Tiefländer gekennzeichnet sind, auch wenn sich diese Farben in der Wirklichkeit kaum wiederfinden.

Die Produktion der ersten Schulwandkarte erbrachte auch für den Verlag den erwünschten Erfolg, sodass bald Karten zu Australien, zu Nord- und Südamerika, Deutschland und der Welt folgten. Nach diesem Beginn produzierte der Verlag Perthes (ab 1953 H. Haack) 150 Jahre lang erfolgreich Schulwandkarten. Emil von Sydow aber widmete sich einem weiteren Lehrmittel für den Geografieunterricht. Er übertrug die didaktischen Prinzipien, die er für Schulwandkarten entwickelt hatte, auch auf die Herstellung eines geografischen Schulatlasses.

Der Gothaer Verlag Perthes gab ihn heraus – 100 Jahre lang immer wieder in großen Stückzahlen, so dass der Sydowsche Schulatlas sehr bekannt war und nach seinem Schöpfer meist nur *der Sydow* genannt wurde. Generationen von Schülern – nicht nur in Erfurt – haben die Geografie nach *dem Sydow* erlernt. Und auch wenn der Name heutiger Schulatlanten nicht mehr *Sydow* ist, so steckt doch in jedem Schulatlas bis heute noch etwas Sydow.

Kartenlegende mit Höhenangaben

MG 08/15 UND ANDERE GEWEHRE AUS ERFURT

Karabiner (ab 1898)

1848 beabsichtigte der Müller der Mainzerhofmühle im Brühl eine Seifensiederwerkstatt zu bauen und richtete ein entsprechendes Gesuch an die Stadtverwaltung. Aus dem Bau der Seifensiederei wurde nichts, weil der Müller die baupolizeilichen Auflagen für das feuergefährliche Gewerbe nicht erfüllte. 1858 stellte der Müller auch den Betrieb seiner Mühle ein. Der königlich-preußische Fiskus hatte sowohl das Mühlengrundstück als auch benachbarte Flächen erworben, weil *Allerhöchsten Orts* die Einrichtung einer Gewehr-Fabrik in Erfurt befohlen worden war. Die preußische Waffenfertigung sollte an einem befestigten Ort erfolgen; und das war Erfurt damals noch mit seiner kompletten Stadtummauerung und der starken Festung auf dem Petersberg. 1861 war der Bau der Erfurter Gewehrfabrik fertig. Hergestellt wurden zunächst Zündnadelgewehre – eine technische Innovation.

Der Büchsenmacher Johann Nicolaus Dreyse aus Sömmerda hatte einen neuartigen Auslösemechanismus für Gewehre entwickelt, mit einer Zündnadel. Beim Abdrücken des Gewehrs wird eine Nadel mit großem Druck in die Patrone hineingetrieben und zündet sie. Das war innovativ. Aber es war vor allem eine Eigenschaft, die dem Zündnadelgewehr zum Durchbruch verhalf: Während alle bisherigen Waffen als Vorderlader konstruiert waren und im Gefecht aufwendig und gefährlich mit einem Stock von vorn nachgeladen werden mussten, ließ sich Dreyses Hinterlader selbst im Liegen schnell und sicher nachfüllen und brachte es so auf die dreifache Schussgeschwindigkeit. Das Zündnadelgewehr war ein Grund für die militärische Überlegenheit der preußischen Armee im Krieg 1866.

Die königlich-preußische Gewehrfabrik Erfurt wurde für eine jährliche Produktion von 10.000 Zündnadelgewehren dimensioniert. Schnell entwickelte sie sich zum größten Arbeitgeber der Stadt und zog außerdem zahlreiche Arbeitskräfte aus der Umgebung an. Vor allem Büchsenmacher aus dem Eichsfeld und dem Thüringer Wald siedelten nach Erfurt über. 1866 wurden bereits 420 Mitarbeiter beschäftigt. Bis 1900 war die Belegschaft der Fabrik auf über 2000 Arbeiter angewachsen. Während des Ersten Weltkrieges produzierte die Erfurter Gewehrfabrik zeitweise mit über 16.000 Arbeitern, zum großen Teil Frauen. Dementsprechend wurde der Unternehmensstandort immer weiter ausgebaut, so dass das Firmengelände zu Beginn des 20. Jahrhunderts die gesamte Fläche zwischen Mainzerhofplatz, den Mauern der Festung Petersberg und der Martinskaserne einnahm.

In der Gewehrfabrik wurden bis 1918 nicht nur Zündnadelgewehre, sondern nach 1871 auch Infanteriegewehre, Revolver, Pistolen, Seitengewehre, Karabiner und Maschinengewehre produziert. Ein großer Teil der von deutscher Seite im Ersten Weltkrieg verwandten Handfeuerwaffen sind in der Erfurter Fabrik hergestellt worden.
Auch das Maschinengewehr des Ersten Weltkrieges mit der Entwicklungs-Nummer 08/15 wurde in Erfurt produziert. Die Schusszahl dieses Gewehrs pro Minute beträgt 600 – eine neue und entsetzliche Dimension in dem an Entsetzlichkeiten ohnedies nicht armen Krieg. Warum 08/15 dennoch nicht zum Synonym für etwas nie Dagewesenes, sondern für etwas Gewöhnliches oder Banales wurde, ist zwar erklärbar, aber dennoch seltsam.

Nach den Auflagen, die der Versailler Vertrag der deutschen Rüstungsindustrie 1919 erteilte, wurden auch in der Erfurter Gewehrfabrik Maschinen und Anlagen demontiert und zerstört. Sämtliche noch vorhandenen Waffen und Waffenteile wurden vernichtet. Man versuchte, einen wirtschaftlichen Neuanfang zu schaffen und in den riesigen Industriegebäuden eine zulässige friedenswirtschaftliche Ersatzproduktion zu etablieren. Dies gelang, als die Berliner AEG Schreibmaschinengesellschaft mbH einen neuen Produktionsstandort in Erfurt begründete. 1924 wurden die ersten Erfurter Schreibmaschinen hergestellt. Nach seinen erfolgreichsten Modellen benannte man das Erfurter Werk 1936 in *Olympia-Büromaschinenwerk AG Erfurt* um. Mit diesen Modellen übertraf die Erfurter Produktion in den dreißiger Jahren die aller anderen europäischen Schreibmaschinenfabriken und hatte den größten Anteil am deutschen Schreibmaschinenexport. Bis 1990 wurden in Erfurt Schreibmaschinen produziert, ab 1950 unter dem Namen *Optima* und *robotron*.

Dann endete die 150-jährige industrielle Geschichte des Stadtgebiets zwischen Mainzerhofplatz, den Mauern der Festung Petersberg und der Martinskaserne. Die Öffnung des seit 1858 abgeschlossenen Betriebsgeländes im Brühl hat ein Stück verborgenen, lange nicht wahrnehmbaren Stadtraum zur Gestaltung freigegeben. Zu dieser Gestaltung gehörte auch die Wiederanlage des Gera-Arms, an dem jahrhundertelang die Mainzerhofmühle gestanden hatte.

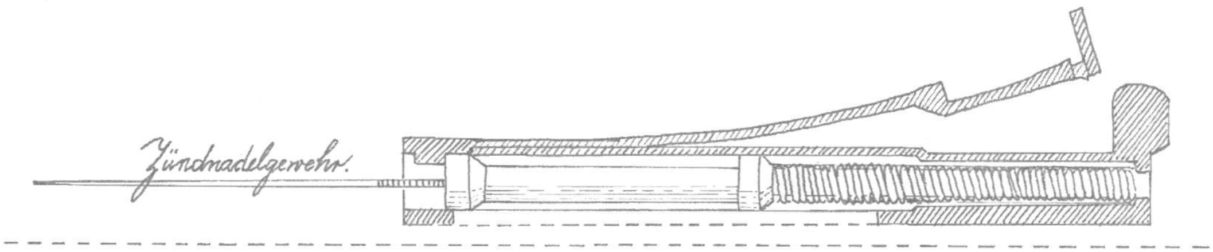

Mechanismus des Zündnadelgewehrs

CAMP DES PRISONNIERS DE GUERRE.
A ERFURT – ALLEMAGNE
1914–1915.

STADT IM WELTKRIEG

Souvenirteller aus dem Kriegsgefangenenlager Erfurt (1915)

Dieses Souvenir hatten zahlreiche französische Soldaten im Gepäck, als sie das Kriegsgefangenenlager Erfurt verließen.
Ein findiger Hersteller von Reservistentellern hatte die Idee, den hübschen Durchbruchteller nicht wie üblich mit dem Porträt des deutschen Kaisers, sondern mit einer Ansicht des Erfurter Kriegsgefangenenlagers zu versehen und dort zu verkaufen. Einige der verkauften Teller sind in den letzten Jahren aus Frankreich nach Erfurt zurückgekehrt und können davon berichten.

Sofort nach dem Ausbruch des Ersten Weltkrieges im August 1914 begann man auf dem Johannesplatz mit dem Aufbau eines Kriegsgefangenenlagers. Es war eins von 175 Lagern im Reich, in denen etwa zwei Millionen Kriegsgefangene interniert waren. Am 8. September 1914 trafen die ersten 400 Gefangenen in Erfurt ein. Am Ende des Jahres war die Aufnahmekapazität des Lagers von 14.000 Soldaten bereits erreicht. Die Kriegsgefangenen stammten vor allem aus Frankreich und Russland, aber auch aus Belgien und England. Kurze Zeit waren sie in Zelten untergebracht, dann errichtete man das Lager aus Holzbaracken – so wie es auf dem Teller zu sehen ist. Das Lager bestand bis 1916. Dann wurde es aufgelöst. Nicht zuletzt deshalb, weil die Kriegsgefangenen ab 1915 zur Arbeit in der deutschen Wirtschaft eingesetzt wurden. Auch in Erfurt waren sie in vielen Unternehmen und für die Stadtverwaltung tätig. Sie halfen, die städtische Ordnung aufrechtzuerhalten – Erfurt im Weltkrieg.

Als Garnisonsstadt war Erfurt von Beginn an in den Krieg einbezogen. Mehrere Regimenter der preußischen Armee waren hier stationiert. Deshalb rückten Einberufene und Kriegsfreiwillige dieser Militäreinheiten in Erfurt in die Kasernen ein und wurden von hier aus an die Front verlegt. Die mit Musik und Jubel ausrückenden Truppen wurden

Teil des Stadtbildes. Überhaupt prägte die breite Unterstützung der Front durch die Öffentlichkeit die ersten Kriegsmonate. Im Handarbeitsunterricht der Erfurter Schulen wurden seit September 1914 ausschließlich Liebesgaben für Frontsoldaten gefertigt, zum Beispiel Wollstrümpfe, gestrickte Leibbinden und anderes. Auch die Frauenvereine engagierten sich dabei. Das Engagement der Frauen versuchte man allerdings gezielt in Richtung berufliche Tätigkeit zu lenken, um die an die Front eingezogenen Männer zu ersetzen. Bald überwogen sowohl in der Industrie als auch in den Institutionen von Stadt und Staat die Frauen. Sie fuhren Straßenbahn und Postkutsche, arbeiteten im Krankenwesen oder im Schuldienst. Etwa 18.000 Erfurter Frauen waren am Ende des Krieges beruflich tätig.

Die begrenzten Rohstoffressourcen des Deutschen Reiches und der eingeschränkte Zugang zum Weltmarkt verursachten sehr schnell Schwierigkeiten bei der Metallversorgung für die Rüstungsproduktion. Im Jahr 1915 ergingen erste Bekanntmachungen zur freiwilligen Ablieferung von Gegenständen aus Kupfer, Messing, Nickel und Zinn. Ab 1917 wurde beschlagnahmt. In Erfurt mussten über 200 Glocken abgeliefert werden. Beim Glockenabschied im Mai 1917 erklangen sie zum letzten Mal. Kurze Zeit später mussten auch Orgelabschiede erfolgen. Aus mehreren Erfurter Kirchen wurden Orgelpfeifen mit einem Gesamtgewicht von rund vier Tonnen entfernt.
Auch bei der Versorgung mit Lebensmitteln waren bereits 1914 Engpässe zu spüren. Die Stadt Erfurt bemühte sich, durch eigene Bevorratung und einen eigenen Handel mit Kartoffeln dieses Hauptnahrungsmittel für Bedürftige verfügbar und billig zu halten. Bereits 1915 rationierte man den Bezug von Lebensmitteln. Die Rationen, die man auf Lebensmittelkarten erhielt, sanken ab 1916 spürbar. Hunger wurde eine Kriegserfahrung. Die Zahl der Todesfälle infolge schwer verlaufender Infektionskrankheiten – nicht zuletzt aufgrund von Unterernährung – stieg erheblich an.

Am 17. August 1914 trafen die ersten Verwundeten in der Stadt ein, unter ihnen zahlreiche Franzosen. Erfurt wurde Lazarettstadt. Das Garnisonslazarett in der Nordhäuser Straße musste bis zum Kriegsende auf 24 städtische, kirchliche und private Gebäude, vor allem Schulen und Gasthöfe, ausgedehnt werden, um die vielen Schwer- und Schwerstverwundeten unterzubringen. Viele Soldaten verstarben im Lazarett an den Folgen ihrer Verwundung. Sie wurden auf dem neuen, vorzeitig in Betrieb genommenen Hauptfriedhof bestattet. 3.164 Erfurter kehrten gar nicht aus dem Krieg zurück.

Die Gefangenen des Erfurter Kriegsgefangenenlagers konnten nach dem Kriegsende in ihre Heimat zurückkehren. Sie hatten Erfurt nicht nur mit einem Souvenirteller im Tornister verlassen, sondern vielleicht sogar mit einer guten Erinnerung an die Stadt. Das Erfurter Kriegsgefangenenlager galt als ein Lager, das den Forderungen der Haager Landkriegsordnung für den Umgang mit Kriegsgefangenen vorbildlich nachkam. Den Gefangenen wurden nicht nur eine ordentliche Unterbringung und eine entsprechende Versorgung gewährt. Man ermöglichte ihnen auch eine fast beispiellose Lagerkultur. Bemerkenswert war die Erfurter Lagerschule mit einem sehr differenzierten und vielfältigen Lehrprogramm: für die russischen Kriegsgefangenen Alphabetisierungskurse, für die französischen Kriegsgefangenen ein gymnasiales Lehrprogramm. Am gefragtesten waren tatsächlich die Kurse zur Deutschen Sprache und zur Deutschen Literatur. Das Lagertheater spielte regelmäßig, die Bibliothek war groß und wurde nach den Wünschen der Gefangenen ergänzt. Und die Künstler unter den Gefangenen konnten in einem lagereigenen Atelier arbeiten und sogar öffentliche Aufträge annehmen. Ob so vielleicht die Darstellung des Erfurter Kriegsgefangenenlagers auf dem Teller entstanden ist? Es wäre möglich und würde die Einzigartigkeit dieses Souvenirs erklären.

Uniformknöpfe: Sammelobjekt der Erfurter Kinder

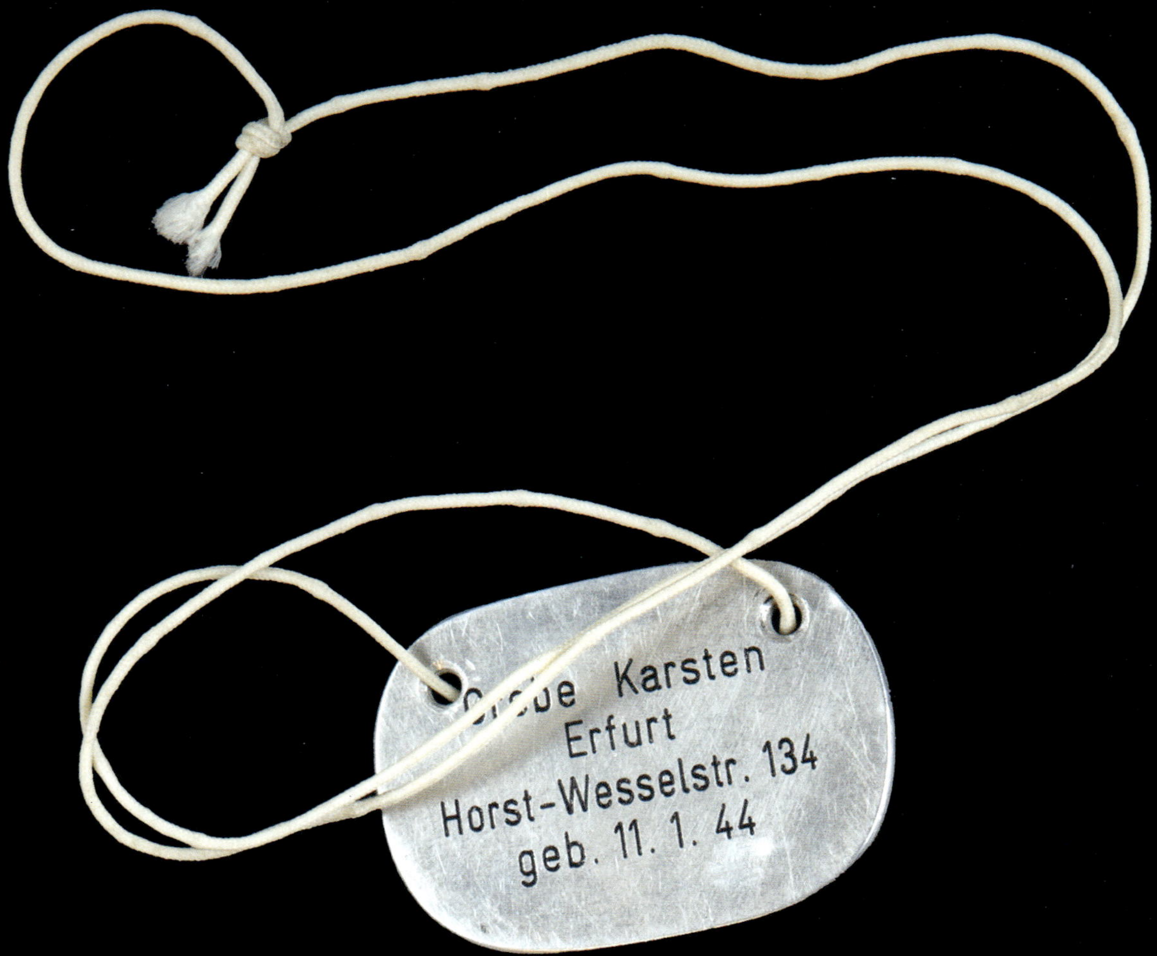
Karsten
Erfurt
Horst-Wesselstr. 134
geb. 11. 1. 44

ERINNERUNG, TRAUER, MAHNUNG

Erkennungsmarke für Kinder (1944)

Dies ist eine Erkennungsmarke für ein Kind. Nicht nur Kinder, aber auch Kinder trugen Schilder oder Marken um den Hals, wenn sie während des Zweiten Weltkriegs in den Luftschutzkeller gingen oder dorthin getragen wurden. Bei einem tödlichen Bombenangriff konnte das Kind anhand seiner Erkennungsmarke identifiziert werden.

Diese Marke gehörte einem Kind, das am 11.1.1944 geboren wurde. Viele Male noch musste es mit seiner Mutter einen Luftschutzkeller aufsuchen, bis der Krieg für Erfurt am 12. April 1945 zu Ende war. Ab 1943 war Erfurt das Ziel von alliierten Luftangriffen, ab 1944 mit Personen- und Gebäudeverlusten. Im Erfurter Personenstandsregister sind 1.240 Personen als Opfer von Bombenangriffen registriert worden, darunter 200 Kinder. Aber es gibt weitere Opfer zu beklagen in dem vom nationalsozialistischen Deutschland begonnenen Zweiten Weltkrieg und in der Zeit der Nationalsozialismus zwischen 1933 und 1945.
Jüdische Einwohner Erfurts, die zu Tausenden in die Emigration vertrieben und zu Hunderten deportiert wurden. Im Erfurter Gedenk-Buch sind über 450 Namen vermerkt.
Sinthi und Roma, die aus Erfurt deportiert und Opfer ethnischer Verfolgung geworden sind.
Kranke und behinderte Erfurter, die in Euthanasie-Tötungsanstalten ermordet wurden.
Menschen aus ganz Europa, die zwangsweise nach Erfurt zum Arbeiten gebracht worden waren und hier verstorben sind.
Gewaltsam zu Tode gekommen sind auch Erfurter, die politischen Widerstand gegen das politische System des Nationalsozialismus leisteten.
Und mehr als 5.000 Männer und Jungen aus Erfurt sind bislang als gefallene Soldaten des Zweiten Weltkrieges registriert worden. Aber bis heute wird nach den Spuren von Kriegstoten gesucht.

RADIO
ektro-Schramm

DIE STUNDE NULL

Fotografie mit amerikanischem Panzer (12. April 1945)

Ein Mann steht am Fenster und fotografiert auf die Straße hinaus. Anschließend versteckt er Film und Kamera. Fotografieren war verboten. So streng verboten, dass er auch später nicht wagte, den Film entwickeln zu lassen. Erst ein halbes Jahrhundert später geschieht dies, und nun werden seine Bilder, vor allem dies eine, schnell bekannt.

Das Bild zeigt eine Straßenszene, aufgenommen am 12. April 1945 um etwa 15 Uhr in der Johannesstraße – amerikanische Soldaten, deutsche Kriegsgefangene, neugierige Passanten.

Nachdem am 1. April Regimenter der *3rd US Army* Thüringen erreicht hatten, standen diese am 11. April vor Erfurt und besetzten am 12. April 1945 den Stadtraum. Das *1st Battalion, 318th Infantery Regiment*, kämpfte sich vom Steiger kommend am Bahnhof vorbei durch die Stadt, den Anger entlang und durch die Johannesstraße in Richtung Norden. Das *3rd Battalion, 317th Infantery Regiment*, war vom Flugplatz am Roten Berg kommend auf der heutigen Magdeburger Allee in die Stadt hinein gefahren. In der Johannesstraße begegneten, vereinigten sich die Truppen beider Bataillone. Diesen Moment hält das Foto fest. Aber erst, als um 19 Uhr die Verteidigung der Festung Petersberg eingestellt wurde, war der Kampf um Erfurt zu Ende. Die Garnisonsstadt mit dem Fliegerhorst Bindersleben war erobert. 30 amerikanische und 120 deutsche Soldaten waren gefallen, fast 50 Zivilisten waren durch Artillerie- und Infanteriebeschuss umgekommen.

Der Kampf um Erfurt und die Verteidigung der Stadt waren weitaus heftiger gewesen, als man vielleicht vermuten möchte. Erfurt hatte seit dem 24. März 1945 einen Kampfkommandanten, der den befestigten Ortsstützpunkt Erfurt halten wollte, um die amerikanischen Streitkräfte so lange zu binden, bis weiter östlich eine neue Verteidigungslinie aufgebaut worden war. Das gelang nicht. Das konsequente Beharren auf Verteidigung der Stadt hatte jedoch zur Folge, dass Erfurt in der Nacht zum 12. April durch amerikanische Feldartillerie beschossen wurde. Das Brühl und das Stadtzentrum erlitten heftige Treffer, Versorgungsleitungen für Gas, Wasser und Strom wurden zerstört, überall brannte es. Die Stunde Null in Erfurt.

Die Zeit der amerikanischen Besatzungsmacht in Erfurt war Anfang Juli 1945 bereits zu Ende. Schon 1944 war durch die Alliierten beschlossen worden, dass Thüringen zur sowjetischen Besatzungszone gehören sollte. Deshalb zogen am 3. Juli 1945 sowjetische Besatzungstruppen in Erfurt ein. Mit dem Ende der amerikanischen Besatzungszeit war auch die Amtszeit des ersten, von den Amerikanern eingesetzten Oberbürgermeisters Otto Gerber zu Ende. Der sowjetische Stadtkommandant bestimmte statt seiner den KPD-Funktionär Hermann Jahn zum Oberbürgermeister. Ein schweres Amt – galt es doch, das völlig zusammengebrochene und immer chaotischer werdende zivile Leben wieder bzw. neu zu organisieren: Die Leichen bergen, die in den letzten Kriegstagen überall in der Stadt begraben worden waren. Die Ratten bekämpfen, die sich in den Ruinen vermehrten. Allen Erfurtern eine obligatorische Typhusimpfung verordnen, um diese Krankheit am massenhaften Ausbruch zu hindern. Die in der Stadt anlangenden Kriegsheimkehrer und Flüchtlinge beherbergen und versorgen. Die zerstörte Bausubstanz instand setzen, um Wohnraum zu schaffen. Fast unmöglich. Allein die sogenannte „Glasfrage“ – die Reparatur der durch Detonationen zu Tausenden zerbrochenen Fensterscheiben – schien unlösbar und war im Herbst 1946 immer noch politische Tagesaufgabe. Manche Probleme konnten überhaupt nur von einem Tag zum nächsten Tag bewältigt werden, zum Beispiel die Brennstoffversorgung. Bei den ersten Gemeinderatswahlen nach dem Krieg im September 1946 spielte die Kohlenfrage immer noch die größte Rolle.

In die neue Stadtvertretung waren 60 Stadtvertreter gewählt worden, und zwar 26 Vertreter für die LDP (Liberaldemokratische Partei), 20 Vertreter auf die Liste der SED (Sozialistische Einheitspartei Deutschlands) und 14 Vertreter auf die der CDU (Christlich-demokratische Union). Die LDP als stärkste Fraktion schlug den Bankkaufmann

Paul Hach als Oberbürgermeister vor. Am 4. Oktober hielt er die Eröffnungsansprache. 14 Tage später war er inhaftiert. Acht Wochen später bestätigte die Stadtvertretung per Beschluss, dass ihm nichts vorzuwerfen gewesen war. Dennoch musste er sein Amt als Oberbürgermeister zur Verfügung stellen, weil seine weitere Amtsführung dem sowjetischen Stadtkommandanten nicht genehm war. Auch alle übrigen Kandidatenvorschläge der LDP wurden von ihm abgelehnt. Nur der Kandidat der SED, Georg Boock, fand Billigung und wurde mit knapper Mehrheit von der Stadtvertretung ins Amt gewählt. Er war der erste von fünf Oberbürgermeistern der SED, die bis zur nächsten demokratischen Wahl im Mai 1990 im Amt waren.

Veröffentlichungen der Besatzungsmächte waren zweisprachig

ERFURT blüht
GARTENSCHAU 1950
Blumenstadt Erfurt
7. JULI – 17. SEPTEMBER

BLUMENSTADT ERFURT

Plakat zur Gartenbauausstellung *Erfurt blüht* (1950)

1950 fand die erste große Gartenbauausstellung nach dem Krieg statt. Mit Sonderzügen, Bussen und Lastkraftwagen kamen in nur zehn Wochen Ausstellungszeit über 500.000 Besucher, um Erfurt blühen zu sehen. Für die Gartenschau hatte man ein Gelände gestaltet, das dauerhaft als Ausstellungsareal und Garten-Park dienen sollte – das Plateau auf der Cyriaksburg. Es gab nicht nur temporäre Hallen- und Beetblumenschauen zu bewundern, sondern auch landschaftsgestalterisch angelegte Flächen, zum Beispiel die Staudengärten, die bis heute ein sehr schöner Teil des ega-Parks sind.
Unter den vielen Gästen war das Publikum besonders willkommen, das fachlichen Rat in Gartenbaufragen suchte. Die Gartenschau 1950 war als landwirtschaftliche Lehrschau konzipiert worden. Mit Mustergärten, Fachtagungen und vielen praktischen Vorführungen versuchte man zu zeigen, was geht und wie es geht. Durch vorbildliches Beispiel anregen und durch praktische Anleitung zur Nachahmung befähigen – das war das Ziel. Und es war gute Erfurter Tradition. Der berühmte Erfurter Gartenbau, der mit seiner Ausstellung 1950 so viele Besucher heranzuziehen vermochte, hatte 200 Jahre früher vielleicht genau so begonnen. Mit dem Beispiel eines hervorragenden und erfolgreichen Gartenbauers, der fähig und bereit war, seine Kenntnisse nachvollziehbar weiterzugeben.
Christian Reichart (1685–1775) war absoluter Seiteneinsteiger im Gartenbau: Jurastudium, Ämter in der städtischen Verwaltung und dann plötzlich die Übernahme der stiefväterlichen Ländereien im Dreienbrunnen. Die sollte er fortan gewinnbringend bewirtschaften. Weil er niemanden hatte, bei dem er sich das Gärtnern absehen konnte, suchte er nach Fachliteratur für die Landwirtschaft und den Gartenbau. Solche Bücher fand er nicht. Also beobachtete er selbst, fragte, lernte, irrte sich, machte Erfahrungen und forschte. Nach 30 Jahren erfolgreichen Gärtnerns begann er, das Lehrbuch zu schreiben, was er sich für seinen Beginn gewünscht hatte: ein systematisches und sehr anschauliches (siebenbändiges) Handbuch für den Garten- und Feldbau. 50 Jahre lang wurde es immer wieder aufgelegt.

Reichart konnte wertvolle Erfahrungen weitergeben. Er hatte inzwischen gelernt, was dem Erfurter Boden abzugewinnen war, wenn man ihn bewässerte, düngte und mit wechselnden Früchten bestellte.
Den Reichartschen Garten stelle man sich als eine erstklassig geführte Wirtschaft vor. Vom zeitigen Frühjahr an bis in den Winter hinein bot Reichart eine Vielzahl von delikaten Gemüsesorten an, darunter Artischocken und Spargel. 17 verschiedene Sorten Salat waren ständig im Sortiment. In verglasten Mistbeeten zog man empfindliches Gemüse. In Meliorations- und Bewässerungsgräben zwischen den Beeten wuchs Brunnenkresse. Natürlich Obstbäume aller Art. Den Samen für den Anbau ihres Gemüses zogen die Gärtner damals selbst. Manche Samen wurden importiert, weil ihre Zucht im hiesigen Klima bislang nicht gelungen war, zum Beispiel der Samen für den begehrten Blumenkohl. Man musste sich auf die Qualität des gekauften Samens verlassen. Das wollte Reichart irgendwann nicht mehr, und im geschützten Dreienbrunnenfeld gelang es ihm, Erfurter Blumenkohlsamen zu erzeugen. Bald produzierte er ihn nicht nur für den eigenen Bedarf, sondern für den Verkauf. Auch diese Erfahrungen schrieb er in seinem *Land- und Gartenschatz* nieder, und andere Erfurter Gartenbauer profitierten davon. Sie spezialisierten sich auf die Saatzucht von Gemüse und Blumen. Und zusammen mit dem Angebot an professionell gezogenem, zuverlässigem Saatgut in immer neuen Varietäten wuchs die Nachfrage danach. Und dies um so mehr, als im 19. Jahrhundert die Freude an Blumen und an Ziergärten leidenschaftlich wurde.
Es begann die Zeit, da Erfurt wirklich eine Blumenstadt zu nennen war. In zahlreichen größeren und kleineren Kunstgärtnereien befasste man sich mit der Veredlung und Vermehrung von Blühgewächsen und überraschte den Markt mit immer neuen Farben, Formen und Varianten. Die Stadt war von bunten Blumenfeldern umgeben. Und in den Gewächshäusern der großen Betriebe widmete man sich der Zucht von Zierpflanzen aus aller Welt. Erfurter Pflanzen und Samen wurden nicht nur lokal und regional, sondern international verkauft. Drei Viertel des Umsatzes wurden im Ausland erwirtschaftet. Der Vertrieb lief schon seit dem 18. Jahrhundert über Kataloge und Versand. Und seitdem die Eisenbahn Eilgutsendungen beförderte, verschickte man auch frisches Gemüse: Erfurter Blumenkohl konnte man vielerorts essen. Jede der zahlreichen Erfurter Kunstgärtnereien *excelliert durch Spezialkulturen, die mit Sorgfalt betrieben werden*, hieß es in der Werbung für den

Erfurter Gartenbau. Diese faszinierende Vielfalt war in großen nationalen und internationalen Gartenbauausstellungen zu bewundern, die seit 1838 in Erfurt stattfanden. Im 20. Jahrhundert hatte es nur vor dem Ersten Weltkrieg bemerkenswerte Ausstellungen gegeben. Erst 1950 fand wieder eine größere Gartenschau statt.

Aber die Vorbereitung dieser Ausstellung war schwierig gewesen. Schon das Motto und das Plakat waren bei den staatlichen Stellen auf Kritik gestoßen: zu unpolitisch, zu richtungslos. Deshalb wurde der Ausstellungsgesellschaft eine Richtung vorgegeben. Auf keinen Fall sollte die Gartenschau eine Reklame für die privaten Erfurter Gärtnereien werden. Den staatlichen Betrieben sollte Priorität eingeräumt werden. Staatliche Betriebe waren aus den Gärtnereien geschaffen worden, deren Eigentümer 1945 enteignet worden waren oder die die sowjetische Besatzungszone bzw. die DDR verlassen hatten. Deren Unternehmen waren als Staatseigentum eingezogen worden.

Nach 1950 begann man, nach den übrigen privaten Gartenbaubetrieben die Hände auszustrecken. Mit verschiedenen polit-ökonomischen Instrumenten versuchte man, die Eigentümerschaft dieser Betriebe zugunsten des Staates zu verändern: unbezahlbar hohe Steuern, strenge Steuerstrafen und Wirtschaftsstrafverfahren. Unter abstrusen Anschuldigungen wurden Wirtschaftsstrafprozesse gegen die Betriebseigentümer geführt, die in aller Regel mit der Einziehung des gesamten Vermögens endeten. Viele Gartenbaubetriebe gingen auf diese Weise in staatliches Eigentum über.

Die Zeit des Erfurter Gartenbaus war danach nicht vorüber, die Zeit großer Gartenbauausstellungen ebenfalls nicht. Aber die Zeit der fachlich und wirtschaftlich hervorragenden, zum Teil weltbekannten Erfurter Gartenbauunternehmer, oft auch engagierten Bürger der Stadt – diese Zeit war vorbei.

Sie hatte mit Christian Reichart begonnen.

MENÜKARTE

Essen,

gegeben vom

Vorsitzenden des Ministerrates

der Deutschen Demokratischen Republik

aus Anlaß

des Treffens mit dem

Bundeskanzler

der Bundesrepublik Deutschland

Erfurt, den 19. März 1970

WILLY BRANDT ANS FENSTER!

Menükarte des Erfurter Hofs zum Besuch Willy Brandts in Erfurt (1970)

Am 19. März 1970, um 12.30 Uhr, gab der Ministerpräsident der DDR Willi Stoph zu Ehren des Bundeskanzlers Willy Brandt ein Essen im Hotel „Erfurter Hof". Dieser Tag wäre *der Tag von Erfurt* gewesen, und Erfurt sei in diesen Stunden *die heimliche Hauptstadt der Nation* gewesen, so las man es später in den Zeitungen der Welt.

Am 19. März 1970 begegneten sich zum ersten Mal seit der Gründung von zwei deutschen Staaten im Jahre 1949 deren Regierungschefs: der Ministerpräsident der DDR und der Bundeskanzler der BRD. Sie reichten sich die Hand und bemühten sich, zu einer Verständigung über die Aufnahme von Kontakten, von Beziehungen zwischen beiden Staaten zu kommen, die es bis dahin nicht gegeben hatte. Warum in Erfurt?

Natürlich hatte man in Berlin tagen wollen, aber auf die Modalitäten des Besuchs in Berlin hatten sich beide Seiten nicht verständigen können. Die Verabredung zu einem ersten Treffen drohte also zu scheitern, bis man am 12. März 1970, sieben Tage vor dem geplanten Besuchstermin, den Gedanken gebar, an einem anderen Ort zu tagen – nahe der deutsch-deutschen Grenze, mit dem Zug von Westdeutschland gut zu erreichen. In Erfurt. Nun schaute die Welt auf unsere Stadt. Und die Stadt hatte eine Woche Zeit, sich auf diesen besonderen Besuch vorzubereiten. Das Hotel „Erfurter Hof" wurde überall da, wo es vonnöten schien, schnellstens renoviert, das Mobiliar wurde erneuert; und ein Menü, das internationalen Ansprüchen genügte, musste erdacht und gekocht werden. Bevor sich aber die Herren zu Tisch setzten und das Menü serviert werden konnte, war etwas geschehen, was diesen Tag tatsächlich zum *Tag von Erfurt* hatte werden lassen.

Erfurt ist, so hoffen wir, ein Beginn, hatte Willy Brandt gegenüber den mitreisenden Journalisten auf der Fahrt im Sonderzug nach Erfurt geäußert, um die Erwartungen zu dämpfen.

Als Ergebnis dieses Tages strebte man lediglich an, ein nächstes Treffen vereinbaren zu können. 9.30 Uhr fuhr der Zug in den Erfurter Bahnhof ein, Willi Stoph begrüßte den Bundeskanzler auf dem Bahnsteig, gemeinsam gingen beide die Treppen hinab, verließen das Bahnhofsgebäude und schritten auf den gegenüberliegenden Hoteleingang zu. Von den Pressetribünen herunter dokumentierten Hunderte Journalisten diese erste Begegnung – ein Medienereignis ersten Ranges.

Und dann passiert etwas. In dem Moment, in dem die Delegationen den Platz überqueren, durchbricht die Zuschauermenge ein Absperrgitter in der Bahnhofstraße und stürmt den Platz. Überwältigt vom historischen Moment, spontan, ungestüm, kommen die Erfurter über den Bahnhofsvorplatz gerannt, um die Szene aus der Nähe zu erleben. Sie überrennen die Staatsmänner förmlich, die Situation scheint gefährlich zu werden, die Türen des Hotels fallen rechtzeitig zu. Aber die euphorische Menge bleibt auf dem Platz. Als die westdeutsche Delegation ihre Beratungszimmer in der zweiten Etage bezogen hat, öffnet deren Regierungssprecher ein Fenster und schaut hinaus. Nun gibt es kein Halten mehr. Mit der Kraft der Masse bitten, fordern die Erfurter den Bundeskanzler, sich ihnen ebenfalls zu zeigen. *Willy Brandt ans Fenster!* rufen sie. Und er kommt und er dämpft den Jubel. Dann beginnen im Hotel die Gespräche, der Platz vor dem Hotel wird geräumt und die Journalisten berichten der Welt, was sie gerade erlebt hatten.
Welch eine dramatische Situation.
Für den Bundeskanzler Willy Brandt, der in diesem Moment von den Erfurtern erfuhr, dass seine neuartigen politischen Bemühungen um Annäherung an die Länder Osteuropas, vor allem an die DDR, willkommen und geschätzt waren, der aber die Sympathiekundgebung nicht öffentlich annehmen durfte, um die Gastgeber nicht zu verstören und die Bedingungen für die folgenden Gespräche nicht zu verschlechtern.
Für den Ministerpräsidenten der DDR, der darauf bestand, dem anderen deutschen Staat nicht entgegenkommen zu können, weil die Bevölkerung einig sei in der Ablehnung des westdeutschen Staatssystems und seiner gesamtdeutschen Ansprüche.
Die gesamte Vorbereitung des Treffens war demensprechend geprägt gewesen. Und nun das! Und zwar vor den Augen und Ohren von Journalisten aus der ganzen Welt, auch aus der DDR. Die Pressekommentare konnten unterschiedlicher nicht ausfallen.

Der Rest des Tages verlief eher wie erwartet. Die Gespräche zwischen den beiden Regierungsdelegationen erbrachte tatsächlich nur die Vereinbarung eines weiteren Treffens; die öffentliche Fläche vor dem Hotel war geräumt und mit Sprechchören besetzt worden, die den Gästen sehr unfreundliche Parolen zuriefen. Die Verabschiedung erfolgte förmlich. Aber die Erfurter mit ihrem spontanen, unverstellt freudigen Jubel hatten diesen Tag, diesen Beginn, für die Welt gleich zu einem Höhepunkt werden lassen. Daran erinnert das Leuchtschrift-Denkmal auf dem Dach des ehemaligen Hotels „Erfurter Hof“: *Willy Brandt ans Fenster!*

Die Speisefolge des Menüs am 19. März 1970, um 12.30 Uhr, war folgende:
Schinkenschaumbrot *Berolina*, dazu einen Wodka
Hühnerkraftbrühe mit Windbeutel
Harzer Bachforelle, dazu Saale-Unstrut-Wein
Dummersdorfer Mastkalbskotelett mit Spargel, dazu Ungarischer Wein
Nougat-Eistorte, dazu Rotkäppchen-Sekt
Mokka, Obst und Gebäck.

Willy Brandt am Fenster des Erfurter Hofs

Erfurter Aktion
Ein Bürgerwall
für
unsere Altstadt
10. 12. 1989
IG „Alte Universität Erfurt“
im Kulturbund der DDR

1989

Plakette *Ein Bürgerwall für unsere Altstadt* (10.12.1989)

In der ersten Sitzung des 1946 gewählten Stadtrates sprach der Fraktionsvorsitzende der Liberal-Demokratischen Partei darüber, welches Glück der Stadt Erfurt widerfahren war – bei allem Unglück der vergangenen Jahre. Erfurt sei eine der ganz wenigen Großstädte, sagte er, die nicht in Trümmern liege, sondern in der Erhaltung ihres Stadtbildes und ihres mittelalterlichen Stadtkerns ein Kleinod besitze. Und er wies seine Kollegen Stadtverordneten ganz ausdrücklich auf die Verpflichtung hin, *das glücklicherweise uns Gebliebene zu pflegen und zu erhalten.*
40 Jahre später, 1986, gründete sich im Schutz der evangelischen Kirche eine Arbeitsgruppe mit dem Namen *Stadt- und Wohnumwelt*, die wiederum die Erhaltung der Erfurter Altstadt einforderte – diesmal aber gegen den Willen des Stadtrates und gegen die Pläne der Stadtverwaltung für Stadtbild und Stadtkern. Was war geschehen?

Der LDP-Abgeordnete mag wohl gewusst haben, dass er den Erfurter Ratsherren nichts Selbstverständliches vorschlug, sondern ihnen eine Bürde auflud. In vielen Städten des Landes sah man unmittelbar nach dem Krieg die Zerstörung der alten Bausubstanz als Chance. Als Chance, die ungeplant gewachsenen, eng und unstrukturiert gebauten Altstädte neu zu bauen: offener, funktionaler, grüner, gesünder. Und man begann damit. Zwar beklagten die Leute zwei Jahrzehnte später schon die städtebauliche Qualität dieser neuen Stadtzentren. Aber zunächst einmal wurden sie geplant und gebaut, nicht zuletzt als Zeichen eines gesellschaftlichen Neubeginns. Und zwar im Westen wie im Osten. Der Unterschied bestand darin, dass die Kommunen in den westlichen Besatzungszonen ihr städtebauliches Konzept in eigener Verantwortung beschlossen. In der DDR musste man sich schon bald nach zentralen Vorgaben richten.
1950 beschloss die Regierung der DDR die Grundsätze der künftigen Stadtplanung. Sie waren durch die sowjetische Architekturpolitik beeinflusst und prägten den Städtebau für

Jahrzehnte. Ein Grundsatz betraf die Gestaltung von Stadtzentren: *Das Zentrum bildet den bestimmenden Kern der Stadt. Das Zentrum der Stadt ist der politische Mittelpunkt für das Leben seiner Bevölkerung. Im Zentrum der Stadt liegen die wichtigsten politischen, administrativen und kulturellen Stätten. Auf den Plätzen im Stadtzentrum finden die politischen Demonstrationen, die Aufmärsche und die Volksfeiern an Festtagen statt. Das Zentrum der Stadt wird mit den wichtigsten und monumentalsten Gebäuden bebaut, es beherrscht die architektonische Komposition des Stadtplanes und bestimmt die architektonische Silhouette der Stadt.*

1967 war es für Erfurt so weit. Ein entsprechender Architekturvorschlag für die sozialistische Umgestaltung der Innenstadt war vom Rat beschlossen worden und man begann mit seiner Umsetzung. Erstes Projekt war der Ausbau des Juri-Gagarin-Rings, auf dem dann tatsächlich 20 Jahre lang marschiert und demonstriert wurde. Entlang dieses Rings, der die Altstadt halb umspannt, mussten die alten Häuser einer neuen, völlig unangepassten Bebauung weichen. Wie eine gigantische Stadtmauer umstehen die hohen und langen Wohnblöcke das alte Zentrum. Anschließend sollte das Stadtzentrum umgestaltet und an die neue Zeit angepasst werden. Hatten über Jahrhunderte die beiden Kirchen Dom und Severi die Silhouette der Stadt geprägt, sollte nun ein riesiges Hochhaus auf dem Petersberg die Dominante des Erfurter Stadtbildes werden. Zahlreiche Entwürfe dafür lagen vor. Glücklicherweise kam es nicht dazu. Das Geld für solch extravagante Bauprojekte wurde nötiger für den industriellen Wohnungsbau gebraucht. Der begann nun auch in Erfurt: zunächst am nördlichen, dann am südlichen Stadtrand. Die Innenstadt, das historische Zentrum Erfurts, verfiel. Wenigstens durfte es nicht mehr abgerissen werden – das hofften viele Menschen, als 1975 das Denkmalschutzgesetz der DDR beschlossen wurde und die gesamte Erfurter Altstadt in der Liste der zu schützenden Flächendenkmale zu finden war. Außerdem begann man zu ahnen, wie schön und einzigartig die Atmosphäre in einer restaurierten Altstadt sein musste, denn punktuell waren Straßenzüge und Einzelgebäude restauriert worden. In der Fläche aber gab es trostlosen Leerstand und Verfall. Um diesen zu beseitigen, rückten in den 1980er Jahren die Abrissbagger in die nördliche Innenstadt ein und brachen die Jahrhunderte alte, individuelle Bebauung ab. Der Neubau erfolgte mit plumpen und eintönigen Typenbauten, zum Teil über alle gewesenen Stadtstrukturen hinweg. Die Zerstörung dieses Teils der Altstadt ist bis heute wahrzunehmen.

Die Erfurter, die 1986 die Gruppe *Stadt- und Wohnumwelt* gründen, wollten das nicht mehr widerstandslos hinnehmen. Mit Ausstellungen in der Michaeliskirche suchten sie ab 1987 die Öffentlichkeit, um mit der Kraft der Allgemeinheit gegen die Bedrohung der Altstadt zu protestieren. Tatsächlich gelang es, eine gewisse Veränderung der Pläne zu erwirken. Fast noch wichtiger scheint aus heutiger Sicht die erreichte Verzögerung zu sein und die zeitweilige Aussetzung der Abrisse.

Im Herbst 1989 begann die *Wende*. Die Bedrohung der Erfurter Altstadt war ein wichtiges Thema des Protests und der Erhalt der Altstadt stets eine Forderung. Im November 1989 rief die Gruppe *Stadt- und Wohnumwelt* dazu auf, mit einem menschlichen Schutzwall für die Rettung der Erfurter Altstadt zu kämpfen. Daraufhin kamen am 10. Dezember 1989 tatsächlich so viele Menschen in der gesamten Altstadt zusammen, dass eine sechs Kilometer lange Menschenkette um die Innenstadt vollständig geschlossen werden konnte! Jeder der über 4.000 Teilnehmer trug eine Plakette mit dem bekannten Schutzzeichen für Denkmale und mit der Aufschrift *Ein Bürgerwall für unsere Altstadt.* Tausende setzten ihre Unterschrift unter die Forderung, dem Abriss der Erfurter Altstadt Einhalt zu gebieten und Sofortmaßnahmen zur Sicherung verfallsgefährdeter Denkmalobjekte einzuleiten. Denn es war allerhöchste Zeit geworden, die Verpflichtung von 1946 anzunehmen und *das glücklicherweise uns Gebliebene zu erhalten und zu pflegen.*

Menschenkette für die Erfurter Altstadt

EVP7.60

ABSCHIED

Jesuslatschen (1990)

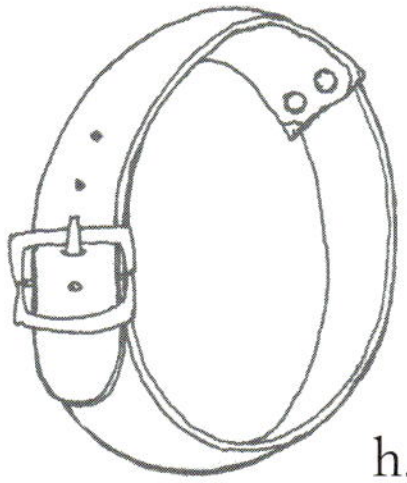

Oh, wie waren diese Sandalen begehrt. Beinahe jeder Jugendliche, ob Junge oder Mädchen, wollte sie tragen. Ihre Beliebtheit begann in den 1970er Jahren, als die Sandalen zum Attribut der jugendlichen Hippiekultur in der DDR wurden. Und sie setzte sich in den 1980er Jahren fort, als sie zu einem allgemein geschätzten Modeartikel geworden waren. *Jesuslatschen* hießen sie zu jeder Zeit. Sie waren aus stabilen Lederresten geschnitten, wurden von Nieten und Messingschnallen zusammengehalten, konnten schnell gefertigt werden und kosteten nur sehr wenig. *Jesuslatschen* wurden auch in Erfurt hergestellt. Typisch für das Produktionsprofil der Erfurter Schuhindustrie in dieser Zeit waren sie aber nicht. Die Erfurter Schuhfabriken, zusammengeschlossen im Schuhkombinat Paul Schäfer, galten als der größte Damenschuhproduzent Europas. Eine Tagesproduktion konnte über 20.000 Paar Schuhe umfassen. Mehrere Tausend Menschen arbeiteten hier.

200 Jahre vorher hatte die industrielle Schuhproduktion in Erfurt begonnen. Ein paar Dutzend Gesellen arbeiteten in der ersten Fabrik. Militärstiefel und seidene Damenschuhe entstanden unter ihren Händen. Die Schuhe wurden noch mit der Hand, aber arbeitsteilig gefertigt. Und die Fabrikanten Gottschalk waren stolz darauf, dass *die hiesige Schuhmacherei nun zu einer ziemlichen Vervollkommnung gestiegen und Erfurt in dieser Hinsicht den berühmten Städten an die Seite zu setzen ist.* So blieb es auch. Nur die Dimensionen veränderten sich.

Das Bevölkerungswachstum im 19. und 20. Jahrhundert und die sinkenden Preise für das Massen- und Modeprodukt Schuh ließen die Nachfrage nach Schuhen immer weiter steigen. Erfurter Schuhe überzeugten in Qualität und Preis wohl ganz besonders, denn die Stadt war am Anfang des 20. Jahrhunderts zu einem der größten und leistungsfähigsten

Schuhproduktionsstandorte geworden. Es heißt, ein Zehntel der in Deutschland hergestellten Schuhe kam aus Erfurt. Riesige Schuhfabriken wuchsen am Rande der Stadt, wie die Schuhfabrik Eduard Lingel am Steigerrand. Viele Tausend Menschen arbeiteten hier. Weil die großen Erfurter Schuhfabriken in die Kriegsproduktion des Zweiten Weltkriegs einbezogen waren, unterlagen sie nach dem Ende dieses Krieges der Beschlagnahmung durch die Sowjetische Militäradministration. Infolge dessen produzierten sie eine Zeit lang Schuhe, die als Kriegsreparationsleistungen in die Sowjetunion geliefert wurden. Nach dem Ende dieser Verpflichtung wurden die sequestrierten Betriebe nicht an die ursprünglichen Eigentümer, sondern in staatliches Eigentum gegeben. Später wurden auch die übrigen kleinen Betriebe verstaatlicht und mit den großen Schuhfabriken zum Schuhkombinat „Paul Schäfer" vereint. Ein großes staatliches Unternehmen statt zahlreicher privater Firmen. Die staatlichen (= volkseigenen) Unternehmen und ihre zentrale Verwaltung durch den Staat waren die wichtigsten Merkmale der Wirtschaftsordnung der DDR, in der alle Bereiche der Wirtschaft zentral geplant und verwaltet wurden: die Produktion, die Verteilung und die Preisgestaltung. Die Bedürfnisse des Marktes wurden vernachlässigt. Die begehrten *Jesuslatschen* wurden zwar hergestellt, waren aber immer Mangelware.

Nach der Öffnung der Grenzen zwischen den deutschen Staaten im Jahr 1989, der Einführung einer gemeinsamen Währung im Juli 1990 und der Vereinigung beider Staaten im Oktober 1990 hörte nicht nur die DDR auf zu existieren, sondern auch ihre Wirtschaftsordnung. Die staatlichen Betriebe sollten in privatwirtschaftliche Unternehmen umgewandelt werden und fortan wieder marktwirtschaftlich agieren. Der sehr abrupte Übergang in die Marktwirtschaft und die Einführung einer frei konvertierbaren Währung verursachten in der Erfurter Schuhindustrie einen drastischen Einbruch im Absatz. Sowohl der osteuropäische Markt als auch der Binnenmarkt gingen nahezu verloren. Selbst das Interesse an *Jesuslatschen* hatte sehr nachgelassen, seitdem man in der ganzen Welt Schuhe aus der ganzen Welt kaufen konnte. Tragisch.

Bis 1992 verloren über 2.000 Mitarbeiter des Erfurter Schuhkombinats, das sich nun wieder „Lingel Schuhfabrik" nannte, ihre Arbeit. Die Verbliebenen waren immer noch zu

zahlreich für die wenigen Aufträge, die es gab. Die staatliche Anstalt zur treuhänderischen Verwaltung des Volkseigentums der DDR (Treuhandanstalt) schätzte die Erfurter Schuhindustrie als nicht überlebensfähig ein. Das bedeutete, dass das Unternehmen keine wirtschaftliche Förderung zur Herstellung seiner Wettbewerbsfähigkeit erhielt und dass keine Privatisierungsbemühungen unternommen wurden. Wenig später erging der Beschluss, die Erfurter Schuhfabrik zu schließen und stillzulegen. Das gleiche Schicksal erlitten zu dieser Zeit zahlreiche Erfurter Industrie-Großbetriebe. Erfurt erlebte eine regelrechte Deindustrialisierung. Zehntausende Menschen wurden arbeitslos; Frauen waren in besonderer Weise betroffen. An den Nähmaschinen des Schuhkombinats hatten gerade sie gesessen.
Infolgedessen verließen viele jüngere Menschen die Stadt. Die Zahl der Geburten sank auf unter 50 Prozent. Die Stadt, 1988 von 220.000 Menschen bewohnt, verlor 30.000 Einwohner.

Seit dem Jahr 2005 wächst Erfurt wieder und hat die alte Größe fast erreicht. Die Beschäftigungsrate ist auf hohem Niveau. Aber die Erfurter Schuhindustrie, und nicht nur diese, ist in den 1990er Jahren untergegangen. Die *Jesuslatschen* aus dem Stadtmuseum erinnern an dieses abgeschlossene Kapitel Erfurter Industriegeschichte.

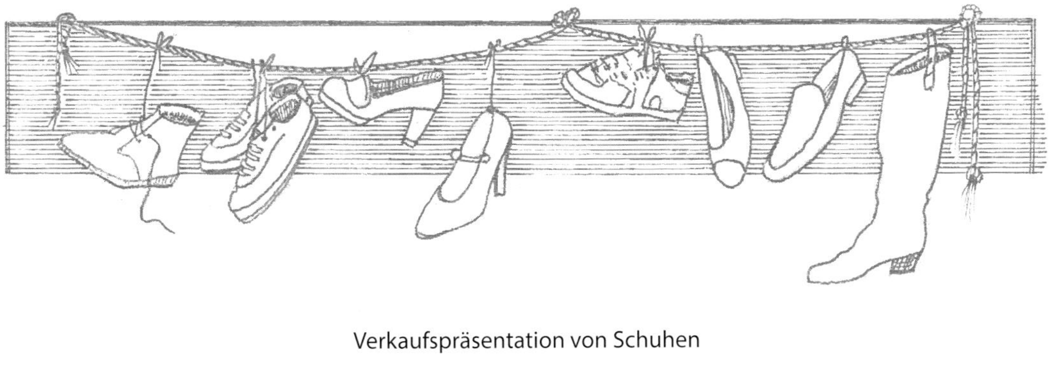

Verkaufspräsentation von Schuhen

RAT DER STADT
ERFURT
ERFORDIA TURRITA
ERFURT

DIE ANDERE SEITE DER MEDAILLE

Amtskette des Oberbürgermeisters (1854–1991)

Bei festlichen Anlässen der Stadt Erfurt trägt der Oberbürgermeister eine goldene Amtskette. Wie auf dem Bild zu sehen ist, besteht sie aus blumenverzierten Kettengliedern und ist mit Medaillons geschmückt: dem Wappen der Stadt Erfurt, dem Wappen des Landes Thüringen und einer Ansicht von Dom und Severi.

Angesichts der altertümlich-prächtigen Kette könnte man meinen, dieser Brauch rühre von den stolzen Ratsherren des Mittelalters her, die ihre Macht gern durch Pracht präsentierten. Keineswegs. Sehr lange ist das noch nicht Sitte. 1808 erließ der preußische König eine Verordnung über die Selbstverwaltung der Städte. In dieser Ordnung war zum ersten Mal von Amtsketten die Rede. Um das ehrenvolle Wirken der Bürgermeister für ihre Kommunen auszuzeichnen, sollten sie besondere Amtszeichen tragen dürfen. Abgestuft nach der Größe der Städte, legte die Ordnung das Material der Ketten fest. Nur den großen Städten waren goldene Ketten genehmigt.
Zunächst erst einmal waren goldene Ketten aber nirgendwo Thema. Die Städte hatten andere Sorgen. Napoleon stand mit seinen Truppen im Land. Erst danach legten sich wohlhabende preußische Städte Amtsketten zu. In Erfurt wurde die Anschaffung einer solchen Kette erstmals 1848 diskutiert. 1854 genehmigte der König Friedrich Wilhelm IV. dem damaligen Erfurter Oberbürgermeister, Freiherrn Carl von Oldershausen, eine Amtskette zu tragen. Die Kosten für die Anfertigung (450 Taler) trug die Stadt Erfurt. Die Kette hatte hübsche, zierlich-viereckige Kettenglieder in zwei Reihen und war mit zwei Medaillons geschmückt: dem Erfurter Stadtwappen und einem Porträt des preußischen Königs – als Zeichen der Zugehörigkeit Erfurts zum preußischen Staat.
60 Jahre später begann der Erste Weltkrieg. Den Edelmetallsammlungen im Krieg fiel auch die Amtskette des Oberbürgermeisters zum Opfer. Der Magistrat meinte, ein vorbildliches patriotisches Opfer bringen zu müssen, und gab sie ab.

Aber das war nicht das Ende des Erfurter Schmuckstücks. Es war eher der Beginn eines wilden Veränderungsmarathons für die alte preußische Amtskette, in dem sich der Wandel der politischen Verhältnisse im 20. Jahrhundert spiegelt.

Zwei Glieder der alten Kette und die Medaillons (Stadtwappen und preußisches Königsporträt) hatte man 1916 nicht weggegeben, sondern aufbewahrt. Es sollte ja eine neue Kette gefertigt werden.

Aber erst 1936, als es die Stadtkasse wieder erlaubte, ließ man bei einem Erfurter Goldschmied eine neue Kette fertigen. 3.000 Reichsmark kostete ihre Anfertigung. Die Kette bestand nun aus blumengeschmückten Kettengliedern – als Symbol für die Blumenstadt Erfurt. Außerdem gab es Zwischenstücke, auf denen Zapfen, Eicheln und Hakenkreuze gestaltet waren – unter anderem als Zeichen für Erfurts Lage inmitten der schönen Landschaft Thüringen. Politisch gehörte Erfurt damals noch zu Preußen. Deshalb konnten die alten Medaillons von 1854, Stadtwappen und preußisches Königsporträt, wiederverwendet werden.

Der Zweite Weltkrieg, der nur drei Jahre später begann, streckte wieder die Hand nach verwertbarem Gold und Silber aus, aber diesmal blieb die Kette im Tresor der Stadtkasse. Auch eventuellen Beschlagnahmungswünschen der Besatzungsmächte entging sie dort. Erst 1949, als die Stadt Erfurt das Recht zur Selbstverwaltung wieder erlangt hatte, holte man die Kette hervor. Aber tragen konnte man sie nun nicht mehr.

Die folgende Umarbeitung entfernte die nationalsozialistischen Symbole und gestaltete drei Medaillons. Das alte Wappen der Stadt blieb unverändert. Das preußische Königsmedaillon wurde gewendet. Der Goldschmied verwandelte die Rückseite in die Vorderseite und gestaltete darauf eine Darstellung des Erfurter Wahrzeichens Dom und Severi. Als drittes und neues Medaillon wurde das Wappen des damaligen Landes Thüringen eingefügt, denn nun gehörte Erfurt auch politisch zu Thüringen. Seit 1948 war Erfurt thüringische Landeshauptstadt.

Es dauerte nicht lange, bis der Goldschmied erneut einen Auftrag zur Umarbeitung der Amtskette erhielt. Irgendwann nach 1952, als das Land Thüringen aufgelöst und Erfurt nicht mehr thüringische Landeshauptstadt, sondern nur Bezirksstadt war, wurde der Schriftzug eines Medaillons geändert. Seltsamerweise blieb das Wappen des Landes Thüringen damals an der Kette hängen. Gut so, denn seit 1991 ist Erfurt wieder stolze Hauptstadt eines neu gegründeten Freistaats Thüringen.

Wenn also der Oberbürgermeister der Stadt Erfurt heute bei festlichen Anlässen die goldene Amtskette trägt, dann hat er ein Stück Stadtgeschichte um den Hals. Die Kette wurde 1936 gefertigt und mehrmals umdekoriert. An der Kette hängt das alte Thüringer Landeswappen, so wie es zwischen 1945 und 1952 aussah. Und es hängen daran die alten Medaillons von 1854 – das Medaillon mit dem Erfurter Stadtwappen und das gewendete Königsmedaillon mit Dom und Severi. Ringsherum sind die beiden Worte „ERFORDIA TURRITA" (türmereiches Erfurt) zu lesen – ein Kompliment, mit dem sich die Stadt seit Jahrhunderten schmücken darf. Möge dieser Schriftzug dauernd Geltung behalten!

Kettenglieder der ersten Erfurter Amtskette von 1854

Gunda
VIKING
ALBERTVILLE 92
OLYMPIC WINTER GAMES

FLÜGEL AM FUSS

Schlittschuhe und Olympiamedaille von Gunda Niemann-Stirnemann (1992)

Ist Erfurt eine Sportstadt? Und war sie es auch in der Vergangenheit? Unbedingt. Schwimmen, Fechten, Reiten, Tanzen, Ringen, Jagen, Laufen, Kegeln, Armbrust- und Büchsenschießen, Ballspiel und viele andere Sportarten zur Zerstreuung und Körperertüchtigung sind seit Jahrhunderten Teil der städtischen Kultur. Oder sogar länger schon. Denn einige dieser sportlichen Disziplinen sind aus uralten Fortbewegungstechniken zu einem vergnüglichen oder sportlichen Zeitvertreib entwickelt worden. Das betrifft in unseren Breiten auch die Wintersportarten, unter anderem den Eislauf, um den es hier gehen soll.

Möglicherweise war das Eislaufen in Erfurt wie anderswo in Mitteleuropa bereits vor Jahrtausenden üblich, um sich im Winter schneller und leichter fortzubewegen. Zwar sind derartige archäologische Funde in Erfurt noch nicht gemacht worden. Aber es ist anzunehmen, dass sich die Menschen hier wie anderswo schon in der Bronzezeit lange Knochen unter die Füße banden und damit auf dem Eis glitten. Ähnlich haben die Schlittschuhe auch im Mittelalter ausgesehen. Lange Knochen- oder Holzschlitten, vielleicht schon mit einem Metallstreifen darunter, wurden unter die Schuhe geschnallt. Dazu kam ein Stock zum Abstoßen und man flog wie ein Vogel oder ein Pfeil über das Eis. Zum Vergnügen, aus Freude an der schnellen Bewegung oder um die Wette.

Noch stärker verbreitete sich der Eislauf, als am Ende des 16. Jahrhunderts die Winter länger und kälter wurden. Grund dafür war die sogenannte kleine Eiszeit. Dabei handelte es sich um eine Erdabkühlung, die Europa im 17. und 18. Jahrhundert am stärksten betraf. Während dieser Zeit traten häufig strenge Winter auf. Zugefrorene Gewässer bestimmten wochenlang das Bild der Winterlandschaft. Die vielen Winterlandschaftsbilder niederländischer Maler legen davon Zeugnis ab. Sie zeigen unterm Schnee begrabene Landschaften und glänzende Eisflächen bis zum Horizont – Tummelplatz für zahllose Eisläufer.

So ähnlich muss es auch in Erfurt gewesen sein. Die Schlittschuhe waren nunmehr aus Holz mit einer schmalen eisernen Kufe darunter. Mit diesen Schuhen wurde das Eislaufen zum Sport, bei dem sich die Geschicklichkeit des Körpers zeigen konnte. Zeigen musste! Denn die Erfurter spielten im 17. Jahrhundert Eishockey. In der Erfurter Stadtrechnung von 1636 kann man Ausgaben für ein Eishockeyspiel auf dem Erfurter Stadtgraben, dem heutigen Flutgraben, finden.
Am Ende des 18. Jahrhunderts kam das Eislaufen noch mehr in Mode. Schwärmerische junge Leute liefen verzückt Schlittschuh, und sie zitierten dabei vielleicht sogar Gedichte. Ihr großes Idol, der sportbegeisterte Dichter Friedrich Gottlieb Klopstock, liebte das Eislaufen. Er hatte dem winterlichen Vergnügen auf dem Eis mehrere Gedichte gewidmet. Die Verehrer des populären Klopstock schnallten sich also die Schlittschuhe an, liefen los – *von geschärftem Stahl leicht getragen* – und wollten auch die Poesie der gleitenden Bewegung auf dem Eis erspüren.
Die berühmte Erfurterin Caroline von Humboldt, geb. Dacheröden, (1766–1829) darf man sich sicher unter diesen Eislauf-Bezauberten vorstellen. Sie *beflügelte sich den Fuß mit Stahl und flog dahin* – mit vielen anderen jungen Erfurtern.
Bis zum Ende des 19. Jahrhunderts war der Flutgraben oft so zugefroren, dass sich die Stadt dort zum Schlittschuhlauf vergnügte. Die Eislauf-Clubs, die sich im 20. Jahrhundert gründeten, liefen schon bald nicht mehr auf Gewässern, sondern auf Spritzeisbahnen und ab 1957 auf einer Kunsteisfläche im Erfurter Stadiongelände. Vier verschiedene Eissportdisziplinen waren mittlerweile in Erfurt entstanden: Eishockey, Eisstockschießen, Eiskunstlauf und Eisschnelllauf. In der ersten Hälfte des 20. Jahrhunderts wurde der Eisschnelllauf für Männer, in der zweiten Hälfte des 20. Jahrhunderts für die Frauen olympische Wintersportart. Seit 1970 hat Erfurt ein Trainingszentrum für diese Sportart, dessen Bedingungen sich im Lauf der Zeit verbesserten: 1982 mit einer 333 Meter und 1996 mit einer 400 Meter langen Kunsteisbahn. Eine ehrgeizige Trainerin versuchte ab 1979, ein kleine Gruppe von jungen Leistungssportlerinnen zum internationalen Erfolg zu führen. Und sie schaffte es. Bei Weltmeisterschaften am Ende der 1980er Jahre war das Siegerpodest bei mancher Disziplin ausschließlich mit Erfurter Athletinnen besetzt.
Im Dezember 1984 trat ein neues Mitglied der Trainingsgruppe zum ersten Mal in ihrem Leben auf das Eis: Gunda Kleemann. *Klein war ihr Fuß und blinkend ihr Stahl.* Es fiel ihr

sehr schwer, die schmalen Schlittschuhkufen auf dem glatten Eis zu beherrschen. Kaum jemand gab der 18-jährigen Leichtathletin eine Chance. Ein gutes Jahr später gewann sie ihre ersten Goldmedaillen in einem nationalen Jugendwettkampf. Nach drei Jahren lief sie an der Spitze Europas; nach sechs Jahren war sie Weltmeisterin. 1992 gewann sie bei den Olympischen Winterspielen in Albertville die erste olympische Medaille für das wiedervereinte Deutschland. Bis 2005 hatte sie 128 goldene, 36 silberne und 16 bronzene Titel in internationalen Wettkämpfen errungen. Ihre absolute Stärke waren die langen Distanzen über 1.500, 3.000 und 5.000 Meter.

10 Jahre lang war Gunda Niemann-Stirnemann, geb. Kleemann, vom Erfurter Sportclub Turbine bzw. vom Eissportclub Erfurt die weltbeste Läuferin. Wie selbstverständlich. Aber die großen Siege waren jedes Mal wieder hart verdient: in jeder Saison Tausende von Trainingskilometern auf dem Eis, immer links rum, die Knie mit 90 Grad, der Oberkörper mit 75 Grad abgewinkelt. In dieser Position hat sie die Erde mehrfach umrundet, barfuß in den Eisschnelllaufschuhen.

1999 haben die eislaufbegeisterten Niederländer Gunda Niemann-Stirnemann zur Eisschnellläuferin des Jahrhunderts gekürt. Die Stadt Erfurt hat Gunda Niemann-Stirnemann das Ehrenbürgerrecht verliehen. Außerdem haben die Erfurter im Jahre 2001 die 400-Meter-Eisbahn zu einer Eislaufhalle ausgebaut. Sie trägt den Namen der erfolgreichsten Eischnellläuferin in der Geschichte dieses Sports: Gunda Niemann-Stirnemann, eine Erfurterin *mit Flügeln am Fuß*.

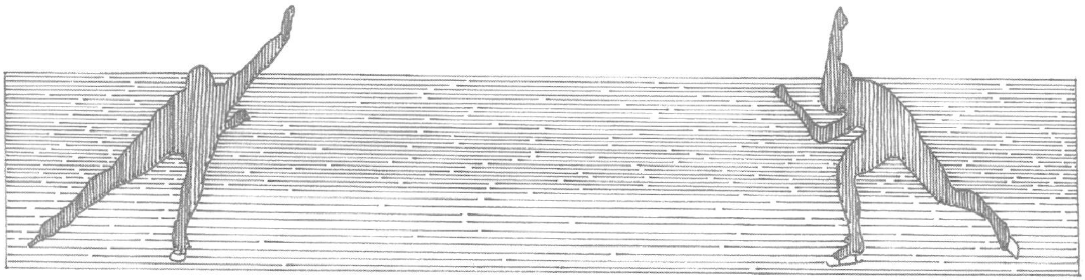

Eisschnellläufer

In
ewigem
Gedenken
an die
Opfer
vom
26.04.
2002

26. APRIL 2002

Kranzschleife (2002)

Am Vormittag des 26. Aprils 2002 betrat ein ehemaliger Schüler das Erfurter Gutenberggymnasium. Er war ein halbes Jahr zuvor von der Schule verwiesen worden. Nun kehrte er zurück. Bewaffnet mit einer Pistole und einem Gewehr, erschoss er 16 Menschen: elf Lehrer und Lehrerinnen, eine Referendarin, die Schulsekretärin, einen Polizisten und zwei Schüler – ein Mädchen und einen Jungen. Nachdem er von einem Lehrer aufgehalten und in einen Klassenraum gedrängt worden war, erschoss er sich selbst.

Die Stadt trauert um die Opfer dieses schrecklichen Attentats. Die Welt trauerte mit ihr. Anteilnehmende Kondolenzen kamen von überall her. Die meisten davon werden heute im Stadtarchiv verwahrt.
Zum Gedenken an den Amoklauf werden in jedem Jahr am 26. April ab 10.55 Uhr die Glocken der Erfurter Kirchen geläutet.

Opfer des Erfurter Amoklaufs

90
Jüdischer Hochzeitsring Erfurt Deutschland
masel tow
2010
Erstausgabe BERLIN 11.02.2010
Jüdischer Hochzeitsring Erfurt
טוב
מזל
10117

WELTERBE WERDEN

Sonderbriefmarke
Jüdischer Hochzeitsring Erfurt (2010)

Das letzte Objekt weist sowohl in die Vergangenheit als auch in die Zukunft der Stadt Erfurt.
Das Motiv der Sonderbriefmarke, der jüdische Hochzeitsring, weist zurück bis in das Jahr 1349. Ein furchtbares Pestjahr. Wie schon so oft werden die Juden für schuld daran erklärt. Ein Pogrom gegen die jüdische Gemeinde liegt in der Luft. Ihre Einwohner sind in Panik. Sie verstecken ihren Besitz. Schmuckstücke und Münzen werden vergraben. So auch bei der Familie des Geldhändlers Kalman von Wiehe in der Michaelisstraße. Fast 30 Kilogramm Gold und Silber werden verpackt und an einem sicheren Ort verborgen. Nach dem Pogrom werden diese Wertgegenstände nicht wieder ausgegraben. Wahrscheinlich sind ihre Eigentümer wie fast alle Mitglieder der jüdischen Gemeinde bei dem gewalttätigen Überfall umgekommen. 650 Jahre lang liegen die Sachen in der Erde. 1998 wird in der Michaelisstraße 43 gebaut und Bauarbeiter stoßen zufällig auf sie.

Gefunden wird ein Schatz, bestehend aus Hunderten von goldenen und silbernen Schmuckstücken, aus Tausenden Silbermünzen, aus etlichen Silberbarren und aus hochdekorativem Silbergeschirr. Viele Stücke des Schatzes sind auf der Welt ohnegleichen. Das besonderste Stück ist der große goldene Hochzeitsring mit dem tempelartigen Häuschen, auf dessen Dach ein hebräischer Glückwunsch eingraviert ist. Er ist der Beleg dafür, dass der Schatz einer jüdischen Familie gehörte.

Ein solcher Hochzeitsring war im Mittelalter stets Teil jüdischer Hochzeitszeremonien. Während der Trauung steckte der Bräutigam seiner Braut den Ring an den Finger. Er verband sich dadurch nicht nur mit ihr, sondern machte ihr gleichzeitig ein wertvolles Geschenk. Der Erfurter Ring war zweifellos eine besonders kostbare Brautgabe. Er ist unvergleichlich prachtvoll. Fünf Zentimeter groß, 23 Gramm schwer, hochkarätiges

Gold. Nach der Hochzeit verwahrte ihn die Braut in ihrem Besitz. Zum ständigen Tragen war er nicht geeignet. Aber vielleicht nahm sie ihn immer mal hervor und erfreute sich an seinen Details, zum Beispiel an der kleinen goldenen Kugel in seinem Inneren. Wenn man sie bewegte, dann klingelte es in dem großen Hochzeitsring zart und leise.

Die übrigen Schmuckstücke des Schatzes hatten keine spezielle Funktion. Sie sind zeittypisch. Sie geben uns eine Vorstellung von den Dingen, mit denen sich vermögende Erfurter im 14. Jahrhundert putzten. Große edelsteinbesetzte Ringe und Broschen. Lange seidene Gürtel mit silbernen und goldenen Applikationen. Kleider, die mit goldenen Blümchen bestickt waren. Die Blumen waren aus ausgestanzten, nur auf der Oberseite vergoldeten Silberplättchen gemacht. Sie wurden auf Kleider und Mäntel genäht. Massenware, aber zauberhaft. So gingen die Erfurterinnen zum Markt und in die Kirche. Gerade das 14. Jahrhundert war eine besonders schmuckfreudige Zeit. Frauen und Männer demonstrierten ihren Wohlstand durch überbordenden Schmuck. Trotzdem sind private Schmuckstücke aus dieser Epoche kaum erhalten geblieben. Erstens unterlag Schmuck zu allen Zeiten dem Wandel der Mode und wurde permanent erneuert; und zweitens wurde Schmuck aufgrund seines Materialwertes oft als Zahlungsmittel eingesetzt. Nicht nur seine besondere Pracht, sondern auch die absolute Seltenheit vergleichbarer Goldschmiedearbeiten macht den Erfurter Schatz deshalb einzigartig.

Als der Schatz gefunden wird, fügt er sich in andere, aktuelle Entdeckungen zur jüdisch-mittelalterlichen Geschichte Erfurts ein:
Die Alte Synagoge, die bis 1349 genutzt worden war. Sie hat in den Jahrhunderten danach abenteuerliche bauliche Veränderungen erlebt, ist aber erhalten geblieben. Kurz bevor der Schatz entdeckt wird, hatte man sie systematisch untersucht und festgestellt, dass es sich um eine der ältesten Synagogen in Mitteleuropa handelt.

Die Mikwe. Zu einer mittelalterlichen Synagoge gehörte immer ein religiöses Tauchbad, das „Mikwe“ genannt wird. Oft lag es am Fluss. Deshalb vermutete man es auch in Erfurt dort. Man begann, archäologisch danach zu suchen und hat es tatsächlich am Ufer der Gera gefunden. Es ist ein hochinteressantes und nicht minder seltenes Objekt.

Das mittelalterliche jüdische Viertel. Es ist in einzelnen Beispielen noch erstaunlich gut erhalten. Am Benediktsplatz 1 befindet sich ein mittelalterlicher Steinbau aus dem 13. Jahrhundert, in dem originale Innenraumgestaltungen bis hin zur Deckenmalerei entdeckt worden sind.
Manches andere wäre noch zu nennen – ähnlich außergewöhnlich und besonders.

Seit 2009 wird der Erfurter Schatz im Keller der Alten Synagoge dauerhaft öffentlich präsentiert. Anlässlich dessen erscheint eine Sonderbriefmarke mit dem Motiv des Erfurter Hochzeitsrings in einer Auflage von sechs Millionen Exemplaren. Diese Werbung kommt Erfurt sehr gelegen. Hatte doch der Stadtrat im Jahre 2008 die Absicht erklärt, für das Erfurter Erbe mittelalterlich-jüdischer Kultur den Status UNESCO-Weltkulturerbe erlangen zu wollen. Nun arbeitet man daran, die Voraussetzungen für die Antragstellung zu erfüllen. Nachgewiesen werden müssen nicht nur die öffentliche Erlebbarkeit des Erbes, sondern auch seine wissenschaftliche Aufarbeitung und die Anstrengung um seine dauerhafte Erhaltung.

Im Jahr 2012 hat die Stadt die Bewerbung um den Titel Weltkulturerbe auf den Weg gebracht. Das Bewerbungsverfahren dauert noch an. Mittlerweile – nach einem mehrjährigen und mehrstufigen nationalen Auswahlverfahren – steht fest, dass der Erfurter Vorschlag *Alte Synagoge und Mikwe in Erfurt – Zeugnisse von Alltag, Religion und Stadtgeschichte zwischen Kontinuität und Wandel* im Jahre 2021 bei der UNESCO eingereicht werden wird. Im darauffolgenden Jahr darf die Entscheidung des Gremiums über eine mögliche Anerkennung und die Verleihung des Titels UNESCO-Weltkulturerbe erwartet werden. Insofern weist die Sonderbriefmarke *Jüdischer Hochzeitsring Erfurt* auch in die Zukunft.
Ach, wenn doch für die Stadt Erfurt entschieden würde!
Den außergewöhnlichen universellen Wert, der Voraussetzung für eine Anerkennung als *Weltkulturerbe* ist, hat man für das Erfurter Erbe mittelalterlich-jüdischer Kultur nachgewiesen. (Wahrscheinlich könnte man ihn dem gesamten mittelalterlichen Stadtbild Erfurts zusprechen.) Die Bemühungen um Erhaltung, Erforschung und Vermittlung dieser stadtgeschichtlichen Zeugnisse von Kontinuität und Wandel sind intensiv und erfolgreich. Das Erbe wird gepflegt.

Man muss der Stadt Erfurt Glück wünschen für die Bewerbung um Anerkennung als eine UNESCO-Weltkulturerbestadt oder um es mit der hebräischen Inschrift auf dem jüdischen Hochzeitsring zu sagen: *Masel tov* = guter Stern = viel Glück!

Goldene Brosche und Pailletten aus dem Erfurter Schatz

LITERATUR ZUM WEITERLESEN

1. Neolithische Pfeilspitze
Karin Szcech: Bericht zur Stadtarchäologie im Jahr 2006, in: Mitteilungen des Vereins für Geschichte und Altertumskunde von Erfurt, Band 68 (Erfurt, 2007)

2. Hemmoorer Eimer
Willers, Heinrich: Die römischen Bronzeeimer von Hemmoor (Hannover, 1901)

3. Silberschale und Silberlöffel
Stefan Hauser: Spätantike und frühbyzantinische Silberlöffel. Bemerkungen zur Produktion von Luxusgütern im 5. bis 7. Jahrhundert (Münster, 1992)

Wolfgang Timpel: Das altthüringische Wagengrab von Erfurt-Gispersleben, in: Alt-Thüringen, Band 17 (1980)

4. Abschrift eines Bonifatiusbriefes
Bonifatius. Heidenopfer, Christuskreuz, Eichenkult, hrg. von der Stadt Erfurt (Erfurt, 2004)

Karl Heinemeyer: Erfurt im frühen Mittelalter, in: Erfurt. Geschichte und Gegenwart, hrg. von Ulman Weiß (Weimar,1995)

5. Erfurter Judeneid
Christiane Magin: So dir Gott helfe. Der Erfurter Judeneid im historischen Kontext, in: Erfurter Schriften zur jüdischen Geschichte, Band 4 (Jena, 2016)

7. Setzschild
Karl Herrmann: Das Wappen und die Siegel der Stadt Erfurt, in: Mitteilungen des Vereins für Geschichte und Altertumskunde von Erfurt, Band 1 (Erfurt, 1865)

8. Blidenstein
Michael Kirchschlager: Der Blidenstein – vom „Wurfgeschoss" zum Zierelement, in: Burgen und Schlösser (2/2017, S.107–117)

Winfried Leist: Landesherr und Landesfrieden in Thüringen im Spätmittelalter 1247–1349 (Mitteldeutsche Forschungen, Bd.77 / Köln 1975)

9. Spielwürfel
Hans-Joachim Barthel, Horst Stecher, Wolfgang Timpel: Eine mittelalterliche Produktionsstätte für Knochenspielwürfel, in: Alt-Thüringen, Band 16 (1979)

Der Occultus Erfordensis des Nikolaus von Bibra, hrg. von Christine Mundhenk (Weimar, 1997)

10. Glasmalerei aus dem Dom
Erhard Drachenberg: Mittelalterliche Glasmalerei in Erfurt (Dresden, 1990)

Nicole Sterzing: Vergleichende Betrachtung der Schäden an Glasmalereischeiben aus dem Hohen Chor des Erfurter Domes, in: Falko Bornschein: Konservierung mittelalterlicher Glasmalerei im Kontext spezieller materieller und umweltbedingter Gegebenheiten (Stuttgart, 2011)

11. Ansicht Erfurts in der Schedelschen Weltchronik
Elisabeth Rücker: Die Schedelsche Weltchronik, Das größte Buchunternehmen der Dürer-Zeit (München, 1973)

12. Matrikel der Erfurter Universität
Erich Kleineidam: Universitas Studii Erffordensis. Teil I: 1392–1521 (Erfurt, 1985)

13. Erfurter Taler
Gudrun Noll: Die Münzsammlung Gerd Behr (Erfurt, 2006)

14. Sturzbecher aus dem Erfurter Ratssilber
Stefan Bursche: Das Lüneburger Ratssilber, Bestandskatalog des Kunstgewerbemuseums Berlin (Berlin, 1990)

15. Briefbuch des Erfurter Rates
Edith Koller: Strittige Zeiten. Kalenderreformen im Alten Reich 1582–1700 (Berlin, 2014)

16. Kopie einer Zeichnung der Zitadelle Petersberg
350 Jahre Zitadelle Petersberg. Historischer Kontext – Bauphasen – Schicksal und Chancen des Petersberges. Tagungsband (Erfurt, 2015)

Bettina Braun: Städtische Freiheit versus landesherrliche Superiorität. Die Reduktion von Erfurt 1664, in: Mitteilungen des Vereins für die Geschichte Altertumskunde von Erfurt, Band 78 (2017)

18. Richtschwert des Johann Peter Hirschfeld
Ernst Schubert: Räuber, Henker, Arme Sünder. Verbrechen und Strafe im Mittelalter (Darmstadt, 2007)

19. Einbände von Rechnungen
Astrid Schmidt-Händel: Der Erfurter Waidhandel an der Schwelle zur Neuzeit (Frankfurt/M, 2004)

20. Empiresofa des Hoffmannschen Zimmers
Marina und Horst Moritz: Das Fürstentum Erfurt und die Herrschaft des großen Kaisers. Leben und Sterben in bewegter Zeit. 1806–1814 (Erfurt, 2006)

Feine Leute. Mode und Luxus zur Zeit des Empire, hrg. von Marina Moritz (Erfurt, 2008)

22. Gemälde Gothaer Brückenkopf
Königstreue und Revolution. Erfurt, eine preußische Stadt im Herzen Deutschlands (Erfurt, 1999)

23. Schulwandkarte Asien
Wilfried Görtler: Emil von Sydow. Begründer der methodischen Schulgeographie, in: Gothaer Geographen und Kartographen. Beiträge zur Geschichte der Geographie und Kartographie (Gotha, 1985)

24. Karabiner
Markus Pöhlmann, Harald Potempa, Thomas Vogel (Hrg.): Der Erste Weltkrieg 1914–1918. Der deutsche Aufmarsch in ein kriegerisches Jahrhundert (München, 2013)

25. Souvenirteller aus dem Erfurter Kriegsgefangenenlager
Erfurt im Ersten Weltkrieg (1914–1918). Stadt und Geschichte, Sonderheft Nr. 16 (Erfurt, 2014)

26. Erkennungsmarke für Kinder
Helmut Wolf: Erfurt im Luftkrieg 1939–1945 (Jena, 2005)

Ausgelöschtes Leben. Juden in Erfurt 1933–1945. Biographische Dokumentation (Erfurt, 2013)

27. Fotografie mit amerikanischem Panzerwagen
Anja Buresch: Kampf um Erfurt. Die amerikanische Besetzung der Stadt im April 1945 (Erfurt, 2016)

28. Plakat zur Gartenbauausstellung Erfurt blüht
Blumenstadt Erfurt. Waid – Gartenbau – iga/egapark, hrg. von Martin Baumann und Steffen Raßloff (Erfurt, 2011)

29. Menükarte des Erfurter Hofs
Jan Schönfelder, Rainer Erics: Willy Brandt in Erfurt. Das erste deutsch-deutsche Gipfeltreffen (Thüringen, 2010)

30. Plakette Ein Bürgerwall für unsere Altstadt
Sandra Keltsch: Stadterneuerung und städtebauliche Denkmalpflege in der DDR zwischen 1970 und 1990. Dargestellt an der Entwicklung von Denkmalstädten in Sachsen-Anhalt (www.qucosa.de/urnnbn/urn:nbn:de:bsz:15-qucosa-121231, 2010)

31. Jesuslatschen
Tamara Hawich: Manufakturen, Maschinen, Manager. Unternehmer und Unternehmen in und um Erfurt. Geschichte und Geschichten (Erfurt, 2001)

Claudia Rößger: Letzte Schritte in neuen Schuhen, in: Katrin Rohnstock: Mein letzter Arbeitstag. Abgewickelt nach 89/90. Ostdeutsche Lebensläufe (Berlin, 2014)

33. Schlittschuhe und Olympia-Medaille von Gunda Niemann-Stirnemann
Gunda Niemann-Stirnemann: Ich will. Traumkarriere mit Tränen und Triumphen (Berlin, 2000)

35. Briefmarke Jüdischer Hochzeitsring Erfurt
Die mittelalterliche jüdische Kultur in Erfurt. Band1: Der Schatzfund. Archäologie – Kunstgeschichte – Siedlungsgeschichte (Weimar, 2010)

VERZEICHNIS DER OBJEKTE

	Objekt	**Wo findet man das Objekt?**
1	**Neolithische Pfeilspitze – sogenannter Querschneider** 4.500–4.300 v. Chr.	Thüringisches Landesamt für Denkmalpflege und Archäologie, Weimar
2	**Hemmoorer Eimer** 2.–3. Jh. n. Chr.	Stadtmuseum Erfurt
3	**Silberschale und Silberlöffel** 1. Hälfte 6. Jh.	Thüringisches Landesamt für Denkmalpflege und Archäologie, Weimar
4	**Abschrift eines Bonifatius-Briefes** um 760	Bayerische Staatsbibliothek München
5	**Erfurter Judeneid** zwischen 1183 und 1200	Stadtarchiv Erfurt
6	**Willkür** 1306–1545	Stadtarchiv Erfurt
7	**Setzschild** 1350–1400	Stadtmuseum Erfurt
8	**Blidenstein** Mitte 14. Jh.	Thüringisches Landesamt für Denkmalpflege und Archäologie, Weimar
9	**Spielwürfel** 14. Jh.	Thüringisches Landesamt für Denkmalpflege und Archäologie, Weimar

10	**Glasmalerei aus dem Dom** (wahrscheinlich daher stammend) um 1400	Angermuseum Erfurt
11	**Ansicht Erfurts in der Schedelschen Weltchronik** 1493	Stadtarchiv Erfurt
12	**Matrikel der Erfurter Universität, Bd. 2** 1498–1599	Stadtarchiv Erfurt
13	**Erfurter Taler** 1617	Stadtmuseum Erfurt
14	**Sturzbecher aus dem Erfurter Ratssilber** 1566	Stadtmuseum Erfurt
15	**Briefbuch des Erfurter Rates** 1666	Stadtarchiv Erfurt
16	**Kopie einer Zeichnung der Zitadelle Petersberg von 1706** Robert Huth, um 1900	Stadtarchiv Erfurt
17	**Erfurter Bierausrufer im Buch der Walpurgisherren** 1716 und 1722	Stadtarchiv Erfurt

18	**Richtschwert des Johann Peter Hirschfeld** 1719	Stadtmuseum Erfurt
19	**Einbände von Rechnungen** 18. Jh.	Stadtarchiv Erfurt
20	**Empiresofa des Hoffmannschen Zimmers** etwa 1808	Angermuseum Erfurt
21	**Daguerreotypie Marie Regina Siegling, Charleston** 1841–1843	Stadtarchiv Erfurt
22	**Gothaer Brückenkopf. Gemälde von Walter Corsep** 1943	Stadtarchiv Erfurt
23	**Schulwandkarte Asien** 1854	Universitäts- und Forschungsbibliothek Erfurt/Gotha, Sammlung Perthes
24	**Karabiner (ab 1898)**	Stadtmuseum Erfurt
25	**Souvenirteller aus dem Kriegsgefangenenlager Erfurt** 1915	Stadtarchiv Erfurt
26	**Erkennungsmarke für Kinder** 1944	Luftschutzraum Erfurt

27	**Fotografie mit amerikanischem Panzer** 1945	Stadtarchiv Erfurt
28	**Plakat *Erfurt blüht*** 1950	Stadtarchiv Erfurt
29	**Menükarte des Erfurter Hofs** 1970	Stadtarchiv Erfurt
30	**Plakette *Ein Bürgerwall für unsere Altstadt*** 1989	Stadtarchiv Erfurt
31	**Jesuslatschen** 1990	Stadtmuseum Erfurt
32	**Amtskette des Oberbürgermeisters** 1854–1991	Stadtverwaltung Erfurt Oberbürgermeister
33	**Schlittschuhe und Olympiamedaille von Gunda Niemann-Stirnemann** 1992	In Privatbesitz
34	**Kranzschleife** 2002	Stadtarchiv Erfurt
35	**Briefmarke *Jüdischer Hochzeitsring Erfurt*** 2010	Stadtarchiv Erfurt

BILDNACHWEIS

Kerstin Richter, Stadtverwaltung Erfurt
Nr. 5, 6, 11, 12, 13, 15, 16, 17, 19, 21, 22, 25, 26, 27, 28, 29, 30, 31, 32, 33, 34

Dirk Urban, Stadtverwaltung Erfurt
Nr. 2, 7, 10, 14, 18, 20, 24

Hauke Arnold, Landesamt für Denkmalpflege und Archäologie
Nr. 1, 3, 9

Universitäts- und Forschungsbibliothek Erfurt/Gotha, Sammlung Perthes
Nr. 23

Bayerische Staatsbibliothek München
Nr. 4

Michael Kirchschlager, Arnstadt
Nr. 8

IMPRESSUM

1. Auflage Arnstadt 2017

Umschlaggestaltung/Grafiken: Katrin Prinich-Heutzenröder, Mühlhausen
Satz: Ute Schmidt, Geraberg
Lektorat: Janine Kaitzl, München
Druck und Bindung: PBtisk s. r. o., Příbram

ISBN 978-3-934277-74-8